Claudia ♡

Nein sagen

Die besten Strategien

Monika Radecki

2. Auflage

HAUFE.

Inhalt

Vorwort

Global denken, sich grenzenlos bewegen – das wollen wir alle. Aber gleichzeitig erleben wir auch Zwänge: Wir müssen uns täglich beweisen, um unseren Job nicht zu verlieren. Wir möchten unseren Kunden unsere Dienstleistung verkaufen. Wir wollen kooperativ im Team arbeiten. Und daheim brauchen wir Harmonie, um aufzutanken. Da scheint es kaum möglich zu sein, sich abzugrenzen, Nein zu sagen.

Und dann gibt es noch die Mitmenschen, die uns ein Ja abjagen, ohne dass wir es wollen: die Verkäuferin, die uns eine teure Gesichtscreme aufschwatzt, die Chefin, die uns zusätzliche Arbeit auf unseren Schreibtisch schiebt, oder ein Freund, der seine Bitte so nett verpackt, dass wir sie erfüllen.

Neinsagen ist tabu. Zwar nehmen wir uns hier und da Freiheiten. Aber nicht immer erlauben wir es uns, die Grenzen, die wir brauchen, offen und deutlich auszusprechen. Doch gerade das wäre wichtig, damit es uns gut geht und damit wir innovativ und zielorientiert arbeiten (und leben) können.

Wie Neinsagen gelingt, zeigt dieser TaschenGuide. Lernen Sie, die Situationen zu erkennen, in denen Sie bisher ein Nein versäumt haben, und fangen Sie an, sich auf Ihre höchstpersönliche Weise positiv abzugrenzen und weiterzukommen.

Monika Radecki

Finden Sie in jeder Situation das passende Nein

Wir alle kennen Situationen, in denen uns das Nein nicht über die Lippen kommt, oder in denen nach einem Nein alles beim Alten bleibt.

In diesem Kapitel lesen Sie,

- wie Sie lernen, Nein zu sagen, obwohl Sie Ja sagen möchten (S. 7),
- wie Sie herausfinden, in welchen Situationen Ihnen das passiert, und wie Sie es ab sofort besser machen können (S. 17) und
- wie Sie innere Konflikte erkennen und mit ihnen umgehen können (S. 23).

Typische Situationen erkennen

Im täglichen Leben gibt es viele Gelegenheiten, in denen es sinnvoller und besser wäre, Nein zu sagen.

Analysieren Sie die Umstände

Beispiel

Herr M. hat seit Wochen zu viel zu tun. Dass sein Schreibtisch zu voll ist, liegt nicht an ihm. Seit seine Kollegin erkrankt ist, stapeln sich die Aktenberge. Sein Kollege L. steht morgens in seinem Büro mit einem dringenden neuen Projekt. „Ja, das sehe ich ein", sagt Herr M., „das gehört in meine Zuständigkeit."

Kennen Sie Gesprächssituationen, in denen Ihr Gefühl sagt: Da läuft etwas verkehrt. Aber bevor Sie wissen, was das sein könnte, ist die Lage schon entschieden – der andere ist „sein Problem" losgeworden. Sie haben es auf dem Tisch. Erst später fällt Ihnen ein: Ein einfaches Nein hätte gereicht. Oftmals geht es gar nicht um ein striktes Nein, zum Beispiel in Situationen, in denen es zu konflikthaft wäre, solche scharfen Grenzen zu ziehen. Das harsche Nein ist gar nicht nötig, wenn ein deutliches „Jetzt nicht" reicht. Manche Menschen reagieren schlagfertig und prompt – sogar in Überrumpelungssituationen. Was aber tun, wenn man selbst nicht so schlagfertig ist? Analysieren Sie Überrumpelungssituationen, in denen Sie unbedacht Ja gesagt haben. Überlegen Sie, wie Sie besser reagiert hätten. Wenn Ihnen das schwer fällt, sollten Sie sich Unterstützung holen, etwa bei einem guten Kollegen oder bei einem vertrauten Menschen. Beim nächsten Mal werden Sie eine solche Situation aktiver gestalten.

Kommen Sie sich auf die Schliche

Ich möchte Ihnen eine Reihe von Situationen vorstellen, in denen ein Nein ungesagt blieb. Einige werden Ihnen bekannt vorkommen. Und warum diese Erkundungstour? Kennen wir unsere typischen Fallen, dann können wir sie umgehen – wir können sogar einen ganz *anderen* Weg einschlagen. Oft wissen wir, dass wir eine Gewohnheit haben, die uns nicht gut tut. Und leider schauen wir dort – ebenso gewohnt – nicht so genau hin. Das bringt einen vorübergehenden Vorteil: Wir nehmen unsere Schwächen kaum wahr. Aber diese Unschärfe „kostet" auch: Wir machen dasselbe wieder und wieder. Stopp! Lehnen Sie sich einen Moment zurück: Identifizieren Sie die Situationen, in denen Sie regelmäßig ein Nein versäumen, das angebracht gewesen wäre.

Wie viel Energie kostet Sie das zusätzliche Projekt (das Ihr Kollege Ihnen aufs Auge drückt), das verschwendete Geld (über eine unnötige Ausgabe, die Sie sich haben aufschwatzen lassen), das Ärgern darüber...? Wie würden Sie gern all diese gesammelte Energie nutzen?

Falle 1: Selbstbild „umsichtige Führungskraft"

Beispiel

Zum Führungsstil von Frau K. gehört, dass sie ein offenes Ohr für die Belange ihrer Mitarbeiter hat. Nicht nur, weil sie ein netter Mensch und eine umsichtige Führungskraft ist. Sondern sie weiß, dass sie damit Zeit investiert, um zu erfahren, was in der Abteilung los ist. Heute steht sie total unter Druck. Sie weiß nicht, wo sie anfangen soll. Außerdem fehlt ihr der Nerv, weil gerade ein Anruf kam, dass ihre Mutter im Krankenhaus ist. Nun hat Herr S. ein Anliegen, und Frau K. hat gar nicht den Kopf, um zu fragen: „Ist es wirklich so dringend? Worum geht's genau?" Also winkt sie

Herrn S. ins Zimmer, setzt ein geschäftsmäßiges Gesicht auf und verdrängt ihre persönlichen Sorgen.

Im Alltag gestatten sich manche Menschen nicht, ihre eigenen Schwächen einzugestehen, sie überfordern sich damit in guter Absicht. Sie haben das Gefühl, ihre Rolle nicht auszufüllen, ihren Job nicht gut oder sich angreifbar zu machen, wenn sie zugeben, dass ihre Grenze in dem Augenblick erreicht ist. Mit etwas Abstand würden sie (und Frau K.) schnell sehen: Neinsagen ist viel häufiger möglich, als wir denken. Wichtig ist dabei, den anderen sein Gesicht wahren zu lassen. Frau K. hätte das Anliegen von Herrn S. würdigen können. Dann hätte sie aber um Verständnis für ihre Situation gebeten (und sie nicht näher erläutert) – eine angemessene, verständliche Grenze. Herr S. hätte ihr das wahrscheinlich nachgesehen, selbst wenn er dadurch, dass seine Frage zunächst unbeantwortet bleibt, etwas ausgebremst wird.

Falle 2: Harmoniestreben

Manches Nein könnte sympathisch rüberkommen, wenn man es denn so äußern würde. Oft tun wir jedoch das Gegenteil. Vor allem im Privaten möchten wir mit Zustimmung oder einem Gefallen verhindern, dass die Harmonie gestört wird – oder noch schlimmer: dass *wir* es sind, die die Harmonie durch unsere Ablehnung stören. Oder wir sagen erst Nein, knicken dann aber ein und stimmen halbherzig doch zu. Aber eine solche Rechnung geht selten auf, weder privat noch beruflich. Wenn wir tun, worum man uns bittet oder wovon wir meinen, dass es der Harmonie dient, ohne dass wir selbst es wollen, sind wir häufig über die Konsequenzen enttäuscht:

Kein Himmel geht auf. Keine Fanfaren ertönen. Dabei ist es manchmal recht einfach, mit einem Augenzwinkern „Nö" zu sagen, sich abzugrenzen und damit sogar dem anderen Menschen zu vermitteln: „Sie sind mir trotzdem sympathisch."

Falle 3: Perfektionismus

Manchmal muss man nicht Nein zu jemand anderem sagen, sondern zu einem blockierenden Anteil in sich selbst. Es geht nicht immer darum, anderen Grenzen zu setzen, sondern darum, aufzupassen, dass man nicht in eine eigene Falle tappt.

Beispiel

Frau B. erlebt eine äußerst stressige Phase im Job. Die ganze Produktion muss fertig gestellt werden. Und dann hat der wichtigste Kunde eine Anfrage – die kann Frau B. nicht liegen lassen. Ihre größte Falle, das weiß sie, ist ihr Perfektionismus. Frau B. bearbeitet also die Anfrage, ohne Rücksicht auf ihre sonstige Arbeit. Sie holt sich keine Unterstützung im Team oder beim Vorgesetzten und macht einen kostenintensiven Fehler.

Es erfordert Übung, sich selbst Grenzen zu setzen. Für den einen ist es eine echte Mutprobe, seinem inneren Perfektionisten Stopp zu sagen. Und für jemand anderen kann es sehr wichtig sein, seinem inneren Schweinehund Beine zu machen und in einer entscheidenden Situation aktiv zu werden. Wer diesen Schritt tatsächlich geht, sieht bald: Das lohnt sich, und manchem Fehler beugt man damit effektiv vor.

Falle 4: Rollenkonflikte

Vielleicht kennen Sie auch das: Manches Nein ergibt sich aus einem Zusammenhang, den man nicht allein verantwortet.

Wir „spielen" in unserem Berufs- und Privatleben viele Rollen. Allein im Beruf sind wir zum Beispiel:

- die eigene Persönlichkeit,
- Träger einer Funktion (z. B. Vertriebsmitarbeiter),
- Inhaber einer hierarchischen Stellung innerhalb des Hauses (z. B. Leiter der Vertriebsabteilung),
- Vertreter des Hauses nach außen,
- außerdem Kollege
- und Teilnehmer beim Abteilungsstammtisch.

Einige dieser Rollen nehmen wir gleichzeitig ein. Nun kann es passieren, dass wir als Führungskraft unterwegs sind, uns aber bei einer Frage eines Mitarbeiters als private Persönlichkeit angesprochen fühlen – oder umgekehrt. Die Rollen stehen mit unterschiedlichen Interessen, Zielen und Stilen in Verbindung. Und so kann es vorkommen, dass wir Nein sagen müssen, weil ein Konzept es so erfordert, obwohl die innere Stimme Ja sagen möchte. Da hilft es, sich seine Rollen und die entsprechenden unterschiedlichen Ziele bewusst zu machen – denn ohne diese „Rollenklärung" werden wir konfus. Das ist so, als hätten wir mehrere vitale Hunde an der Leine, die uns in entgegengesetzte Richtungen ziehen. Man vergisst dann manchmal, dass man selbst eigentlich Herr der Lage ist und vorgeben sollte, wo es langgeht.

Beispiel

Herr Z. ist Zeitschriftenredakteur. In seiner Redaktion ruft Autor B. an, dem er Tage vorher einen Beitrag abgesagt hatte. B. argumentiert und streitet. Herrn Z. liegt das Thema von B. persönlich am Herzen, aber der Beitrag passt einfach nicht – das wurde auf einer

Konferenz entschieden. Herr Z. dreht und wendet sich, bleibt beim Nein und wird Zielscheibe der ganzen Enttäuschung von B. Nach dem Telefonat fühlt sich Herr Z. völlig ausgebrannt.

Herrn Z. wäre die Situation leichter gefallen, wenn er sich klar gemacht hätte, um welche seiner vielen Rollen es hier geht. Dann wären ihm die richtigen Worte eingefallen, mit denen er deutlich gemacht hätte: Er hat persönliche Vorlieben, der Bedarf für die Zeitschrift ist aber leider ein deutlich anderer.

Lernen Sie, spontan einen klaren Blick auf Ihre Situation zu werfen. Nehmen Sie dann Einfluss, wo Sie können; und kämpfen Sie nicht gegen etwas an, das Sie nicht ändern können.

Wenn andere Ihnen „ein Bein stellen"

Nicht nur wir selbst können uns ein Bein stellen, andere – oder die Umstände – tun es auch.

Falle 5: Fehleinschätzung

Vielleicht kennen Sie auch diese Version eines versäumten Neins: Man traut Ihnen etwas nicht zu. Aber es kann sein, dass der Grund nicht in Ihrer Leistung liegt oder in einem Fehler, den Sie in der Vergangenheit gemacht haben, sondern schlicht in der Bewertung durch eine andere Person.

Beispiel

Frau C. kommt nach dem zweiten Erziehungsurlaub zurück in den Job. Sie ist sehr motiviert und will wieder durchstarten. Die ersten zwei Teambesprechungen laufen freundlich ab – sie arbeitet sich noch ein. Als sie in der dritten Teambesprechung, in der es um Zuständigkeiten für neue Projekte geht, ihren Part übernehmen will, sagt ihre Chefin: „Nein, das können Sie in Ihrer Situation nicht mehr schaffen."

Frau C. ist wie vom Schlag gerührt. Und schweigt. Die Antwort, die ihr einfällt („Können Sie das eigentlich beurteilen, Sie haben doch keine Kinder"), kommt ihr patzig vor. Also sagt sie nichts.

Die Vehemenz und die zugrundeliegende Haltung von Frau C. sind nachvollziehbar und angemessen. Folgende einfache Antwort wäre völlig passend gewesen: „Doch." Manchmal ist ein Nein zum Nein eines anderen gefragt.

Falle 6: Zu viele Anforderungen

Beispiel

Die Handwerksmesse ist in vollem Gang. Eine gute Gelegenheit, Kontakte für das eigene Geschäft zu nutzen, denkt Herr T. Er ist gut in seiner Branche eingebunden, die Lieferanten schätzen ihn und laden ihn zu vielen Messeterminen ein. Aber Herr T. sitzt zwischen allen Stühlen, weil er in der Firma eine aufwendige Produktlinie fertig stellen muss, und zu Hause kommt seine kleine Tochter mit ihrer neuen Klassenlehrerin nicht zurecht.

Er sollte eigentlich mal wieder im Wald joggen, um seine Anspannung loszuwerden, mag aber den Messerummel nicht missen. Er steckt fest. Plötzlich weiß er nicht mehr, was gut und richtig ist. Seinem Gefühl nachzugeben, das traut er sich nicht. Ja, er ist sich gar nicht mehr sicher, was er überhaupt fühlt. Vor allem aber hat er Angst, etwas zu verpassen.

Herr T. sollte etwas Abstand von der Situation nehmen. Mit einem wachen Blick würde er leicht erkennen: Manches Nein ist im direkten Sinne „gesund" – es zu versäumen, kann dagegen ein weiterer Schritt auf den Burnout zu sein.

Nein – ohne Pardon

Es gibt übrigens Situationen, in denen muss man sich einfach abgrenzen, um sich selbst treu zu sein. Wenn es um die eigenen Werte geht, darf man keinen Aufschub riskieren, sondern muss mutig sein – nicht für andere, sondern für sich selbst.

Beispiel

Frau A. lässt keine Sitzung ihres Berufsverbandes ausfallen – die Veranstaltung ist für sie ideal, um sich zu informieren und auszutauschen. Eigentlich trifft man sich kollegial; man kennt sich seit langem. Aber manchem geht es um Status, um Macht und Einfluss. Da der Buschfunk funktioniert, braucht Frau A. nur die Ohren aufzusperren, um es trommeln zu hören. Kollege C. äußert sich heute in der Sitzungspause sehr abfällig über einen ostdeutschen Kollegen – seine Kleidung, seine rumänische Frau, sein Dialekt werden mit abfälligsten Worten bedacht. Frau A. ist entsetzt. Aber da sie einen Angriff gegen ihre Person fürchtet, wenn sie offen an die Fairness von Herrn C. appelliert, sagt sie nichts, sondern verlässt wütend die Versammlung.

Manches Nein ist fällig – zum Beispiel bei unfairem Verhalten im Team. Nein – ohne Pardon. Sprechen Sie ein solches Nein deutlich aus. Und wenn möglich, holen Sie sich Unterstützung und Zustimmung bei anderen.

Erste Gegenmaßnahme: Fordern Sie Zeit

Beispiel

Die Tür geht auf, Herr P. steckt den Kopf hinein und sagt zu dem Kollegen H.: „Kannst Du mal schnell die Firma Z. anrufen und die Bestellung stornieren? Ich muss dringend zum Chef." Herr H. sagt Ja, denn er erkennt sofort die Bedeutung und Dringlichkeit: Es geht um einen wichtigen Kunden und um ein großes Volumen. Aber als sein Kollege schon aus der Tür ist, fällt ihm ein, dass er viel mehr Informationen und Vorbereitung bräuchte, um das Telefonat führen zu können.

Kollege P. ist selbstverständlich davon ausgegangen, dass sein Kollege ihm den Gefallen tut – das macht dieser auch gern. Er hätte aber noch einen Moment zum Austauschen gebraucht – der Augenblick, den Herr P. ihm ließ, reichte gerade nur zur Zustimmung.

In manchen Situationen ist es angemessener, sich den Raum zu nehmen, um Ja oder Nein sagen zu können. Möglicherweise wäre Herrn H. die Aufgabe wirklich leicht gefallen, wenn er zuvor gesagt hätte: „Ja, aber ich benötige dafür noch einige Infos." Er hätte auch sagen können: „Tut mir leid, nein, für einen solchen Anruf fehlt mir die nötige Vorbereitung."

Menschen, denen ein Nein schwer fällt, treten gelegentlich in eine Falle: Sie sehen den Bedarf des anderen. Und stimmen zu. Nun ist Zustimmung nicht immer verkehrt – wir arbeiten zusammen und sind abhängig davon, dass die Grenzen flexibel gehandhabt werden. Gehören Sie aber zu den sympathischen Zustimmern, dann gewöhnen Sie sich doch Folgendes an: Überlegen Sie vor Ihrem Ja, ob Sie alle Infos haben, um den Job übernehmen zu können. Worum geht es? Schaffen Sie das? Wollen Sie das? Haben Sie was davon? Sagen Sie erst dann Ja. Oder Nein.

Wie geht es nun weiter? Angenommen, Sie können ab morgen Nein sagen und sich abgrenzen. Konstruktiv wird es erst, wenn Sie die Situation dann auch weiter führen können. Dazu sollten Sie eine Idee haben oder entwickeln, was auf Ihr Nein folgen könnte. In der folgenden Tabelle erfahren Sie einige Themen und ihre Entwicklungsschritte.

Der nächste Schritt nach dem Nein

Das Nein	Ideen für einen positiven gemeinsamen nächsten Schritt
Das Nein zu einem Ziel (z. B. einem Projektziel)	Finden Sie eine Strategie für das weitere Vorgehen, die für alle Beteiligten stimmt. Muss ein neues Ziel definiert werden? Oder muss der Weg dorthin neu bestimmt werden?
Das Nein bei einer Bewertung (z. B. Feedback-Gespräch)	Besprechen Sie die Kriterien für die Bewertung. Kommen Sie keinesfalls zum Stillstand oder in einen blockierten, trotzigen Zustand.
Das Nein zu einer Verteilung (z. B. Aufgaben)	Analysieren Sie, sofern möglich, mit allen, die es angeht: Geht es wirklich um die Verteilung, geht es um Status oder etwas anderes?
Das höchstpersönliche Nein	Hier geht es oft um eine persönliche Einstellung, eine Haltung, eine eigene Position zu einem Thema. Hier hilft keine Diskussion, sondern nur Verständnis füreinander.
Das Nein zu einer Rolle (z. B. bei einem Auftrag)	Klären Sie den Auftrag. Verhandeln Sie die fragliche Rolle. Berücksichtigen Sie die evtl. problematischen Schnittstellen zu anderen Rollen.
...	...

Mögen Sie Märchen?

Gehören Sie zu denen, die den Eindruck haben, immer in die gleiche Falle zu tappen? Dann erzähle ich Ihnen ein Märchen.

Es war einmal ein Mann, der lief eine Straße entlang, fiel in eine Grube, rieb sich die Augen und machte sich daran, wieder herauszukommen. Er schaffte es nicht allein, aber jemand half ihm, und so stand er wieder auf der Straße und ging weiter.

Am nächsten Tag war er wieder unterwegs, und als ihn eine seltsame Ahnung beschlich, war er schon in die gleiche Grube gestürzt. Er machte sich Vorwürfe, dass er zu spät kommen würde. Und zerknirscht rief er einen Passanten um Hilfe und gelangte mit dessen Unterstützung auf die Straße.

Eines Tages lief er eine Straße entlang. Sein Bauchgefühl sagte ihm: Achtung. Schwupps, wieder fand er sich in der bekannten Grube. Verzweifelt wie er war, wusste er keinen Rat. Nach einer Weile erinnerte er sich an den Weg aus der Grube heraus und fand ihn auch.

Und freilich ging er wieder die Straße, etwas stocksteif, weil er nach seiner immer gleichen Falle Ausschau hielt. Da war die Grube. Er versuchte, mit starrem Blick in die Tiefe an ihrem Rand vorbeizugehen ... und fand sich nach einer Schrecksekunde doch wieder auf ihrem Boden. Der Weg hinaus gelang leicht.

Tags drauf kam er an eine Kreuzung, wollte den gewohnten Weg einschlagen, überlegte kurz ... und ging einen anderen.

Keine falschen Kompromisse

Wie geraten wir eigentlich in Situationen, in denen wir uns immer wieder denselben Vorwurf machen: Hätte ich mich doch nur erinnert, nicht schon wieder!

Durchsetzungsvermögen gehört dazu, wenn wir „unseren Weg machen" wollen. In manchen Situationen wird ein Durchsetzen und Abgrenzen aber als konflikthaft wahrgenommen – als Mini-Konflikt. Das mag der Grund dafür sein, dass manche Menschen diesen Weg meiden. Fakt ist, dass Menschen unterschiedliche Wege verfolgen, wie sie ihre Interessen vertreten. Wie würden Sie sich da beschreiben? Wo sehen Sie sich? Können Sie Ihr Verhalten bestimmten Situationen zuordnen? Oder hat Ihr Vorgehen mit der Haltung Ihres Gegenübers zu tun? Und wenn ja, mit welcher?

Konfliktstile erkennen – und nutzen

Das Mini-Konflikt-Thema können wir hier nur streifen. Dennoch: Es gibt verschiedene Stile, sich bei einem Konflikt zu verhalten – und entsprechend: Nein zu sagen.

- **Konkurrieren:** Hier steht der eigene Gewinn im Vordergrund. In der Grafik unten (S. 19) können Sie ablesen: Eigene Interessen sind groß geschrieben, die der anderen von geringer Bedeutung. Wappnen Sie sich, wenn Sie jemandem mit diesem Stil begegnen – hier ist keine Kooperation möglich, wohl aber hartes Verhandeln. Werten Sie diesen Stil aber bitte nicht ab: Bei manchen Themen muss man sich einfach durchsetzen. Hier steht das harte Nein.

- **Vermeiden**: Hier geht es um Konfliktvermeidung. Sie kann sinnvoll sein, wenn zum Beispiel ein deutliches Machtverhältnis besteht und Sie den Kürzeren ziehen würden. Sollten Sie sich indes regelmäßig bei diesem Stil ertappen, gehen Sie in sich: Mit solchem Verhalten kommen Sie nicht weiter. Hier könnte man vermuten, dass Sie Nein zu Ihren eigenen Interessen sagen. Tipp: Üben Sie auch andere Stile!
- **Anpassen**: Im Arbeitsleben ist es sinnvoll und notwendig, sich einem übergeordneten Ziel anzupassen. Erfreulich ist es, wenn Sie an diesem übergeordneten Ziel selbst mitgearbeitet haben. Aber behalten Sie dabei Ihr eigenes Wohlergehen, Ihren eigenen Erfolg im Auge: Gehören Sie zu den Menschen, denen regelmäßig die gemeinsamen wichtiger als die eigenen Interessen sind? Auf Dauer kann das nicht gut gehen. Setzen Sie sich auch für Ihre eigenen Interessen ein – riskieren Sie auch mal das Nein den anderen gegenüber.
- **Kompromisse finden**: Ein Kompromiss kann eine effiziente Lösung sein. Aber Achtung: Häufig kommt man zu Kompromissen, die faul sind. Zwei Parteien sehen ein bisschen von ihren Interessen ab, setzen sich aber durch die Hintertür jeweils doch nur für die eigenen Interessen ein oder investieren nichts weiter in das Kompromiss-Projekt – denn: Sie sind frustriert von der unzureichenden Lösung und sollten eigentlich nachverhandeln. Wenn man nicht aufpasst, steht hier das Jein – nicht ein Ja und auch kein Nein. Achten Sie darauf, Ihren Kompromiss auf „Echtheit" zu überprüfen.

Konflikttypen: verschiedene Stile, die eigenen Interessen zu vertreten

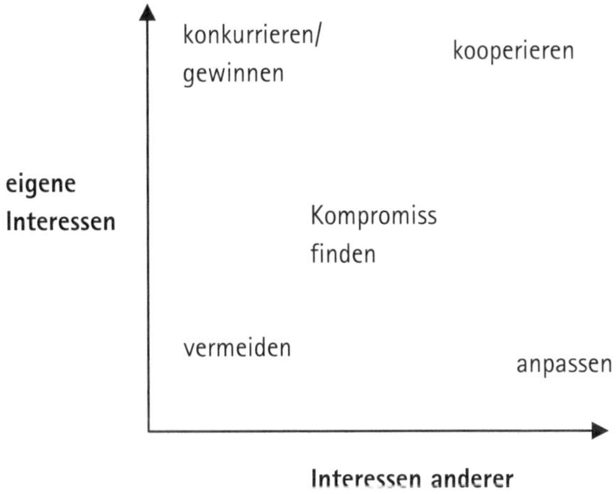

- **Kooperieren**: Alle arbeiten gleichberechtigt und mit einem gemeinsamen Ziel zusammen. Aber Hand aufs Herz: Wie oft erreichen Sie diesen Königsweg? Oft meinen wir, wir kooperieren, und den anderen bezichtigen wir des Dazwischenfunkens. Echte Kooperation kann man anstreben. Seien Sie sich aber bewusst, dass Sie sie selten wirklich erreichen. Wollte man hier ein „Nein" ausfindig machen, so wäre es eines zum Abgrenzen von Störungen: „Hier Kooperation. Störungen draußenbleiben."

Und? Haben Sie sich in den Konflikttypen wiedergefunden? Häufig sind ein, zwei Stile typisch für uns. Allerdings kann es unseren Horizont erweitern, wenn wir die anderen Stile erkennen und sie uns auch nutzbar machen.

Die Moral von der Geschicht': Wenn Sie bisher immer gutmütig Ja gesagt haben, sagen Sie ab jetzt Nein zu dem, was Ihnen schadet, und wonach Ihnen nicht zumute ist. Denken Sie mehr an das, was Ihnen gut tut, was Sie brauchen und was Sie und Ihre Aufgaben vorwärts bringt.

Wenn es nach einem Nein so weitergeht wie bisher

Sie haben sich zu einem Nein durchgerungen. Sie haben sich vorbereitet und wieder und wieder intensiv überlegt. Die prekäre Situation ist schließlich gekommen. Sie sagen Nein. Und dann?

Beispiel

Frau B. hatte ihren Chef um ein Gespräch darüber gebeten, dass er ihre schriftlichen Anfragen nicht mehr so lange liegen lassen möge, weil sie das in ihrer Arbeit blockiere. Sie bereite alles so vor, dass er nach kurzem Blättern sein „Okay" notieren könne. Dazu käme es aber oft nicht. Sie müsse sich aufschreiben, was sie ihm reingereicht habe. Sie stehe oftmals vor Kunden und Kollegen dumm da, weil ihr Unterlagen fehlten. Sie wolle das nicht mehr. Und sie wünsche entweder ein anderes Vorgehen oder ein schnelles Okay – wie besprochen.

Der Chef hat auf ihre Aussprache sehr verständnisvoll reagiert. Er bedankte sich sogar für ihr Feedback. „Das ist gut, dass Sie sich melden", hat er gesagt. Er würde das berücksichtigen. Geändert hat sich seither nichts.

Und jetzt? Zugegeben, es ist schwierig, in einer solchen Situation dranzubleiben, aber es ist notwendig. Zunächst sollte man prüfen, ob das Abgrenzen, das „So nicht" angemessen war oder man dabei ist, auf Granit zu beißen. Wenn Sie anschließend der Überzeugung sind, auf dem richtigen Kurs zu sein, sollten Sie dabei bleiben. Legen Sie nach. In der Checkliste „Klärungsgespräche führen" (S. 22) finden Sie die wichtigsten Dos and Don'ts.

Erste-Hilfe-Karten

Gute Vorbereitung ist „die halbe Miete". Mit ihr kommen Sie auf den Punkt: Worauf kommt es Ihnen an? Wichtig ist auch, sich auf mögliche Störungen und Gegenargumente vorzubereiten. Gerade bei immer wiederkehrenden Situationen kann es hilfreich sein, Erste-Hilfe-Karten zu schreiben.

Diese Karten sind wie ein Verbandskasten für den verbalen Notfall. Auf ihnen können Sie sich Sätze vorformulieren, die Sie aus dem Schlamassel ziehen, wenn Sie in der Situation nicht weiterwissen und Ihnen nichts mehr einfällt. Zum Beispiel: „Ich verstehe, dass Sie gerade im Stress sind. Aber für mich ist es sehr wichtig, dass wir das jetzt besprechen."

> Erste-Hilfe-Karten können Sie immer wieder zur Hand nehmen und sich Ihre Formulierungen ins Gedächtnis rufen, damit Sie nicht mehr automatisch reagieren, sondern vorbereitet sind – sie helfen Ihnen vor allem bei wiederkehrenden Situationen.

Hier ein Klärungsgespräch mit einem Vorgesetzten – Sie können es aber ebenso umformulieren und anpassen für

Gespräche mit Kollegen, Partnern, Vermietern, Verkäufern, Kunden ...

Checkliste: Klärungsgespräche führen

- Gehen Sie auf den Chef zu und bitten Sie um einen Termin für ein Gespräch. Teilen Sie ihm den Anlass mit. Vermeiden Sie eine Zwischen-Tür-und-Angel-Situation. Auch, wenn das Gespräch erst Morgen stattfindet, nennen Sie den Grund oder das Thema.
- Teilen Sie Ihr Ziel des Gesprächs mit: Sie möchten Ihr Anliegen vortragen können und eine gemeinsame Lösung mit Ihrem Chef finden.
- Übernehmen Sie Ihren Teil der Verantwortung für den Gesprächsverlauf.
- Teilen Sie Ihre Beobachtungen und Ihre Gefühle mit. Fragen Sie nach, ob Ihr Anliegen deutlich wurde.
- Versuchen Sie, gemeinsam die Ursachen herauszufinden. Gibt es offene Fragen? Welche Kosten, Schäden, Auswirkungen gibt es?
- Fassen Sie die Ergebnisse zusammen. Berücksichtigen Sie dabei unterschiedliche Meinungen.
- Bis wann genau soll die Lösung umgesetzt werden?
- Achtung: Drohen Sie nur dann mit Konsequenzen, wenn Sie auch bereit sind, sie zu ziehen.

Andere sind auch nur Menschen

Sehen Sie andere Menschen ebenso positiv, wie Sie selbst wahrgenommen werden möchten: mit guten Absichten. Jeder verdient seine zweite Chance.

Gehen Sie in sich, und entwickeln Sie „Arbeitshypothesen" (lesen Sie die Checkliste: Selbst-Coaching S. 25). Wie könnte man mit der Situation noch umgehen? Welche Alternativen gibt es?

Beispiel

Frau B. hätte ihre Botschaft auf den Wunsch reduziert: „So nicht, bitte anders." Dann hätte ihr Chef sich vielleicht entschuldigt, seine Arbeitsbelastung als Grund genannt und sie von der Vorgabe freigesprochen, ihm alles noch einmal vorzulegen.

Sie können sich gut auf solche Gespräche vorbereiten und damit zu ihrem Gelingen beitragen. Entlasten Sie sich aber auch selbst, indem Sie sich mit anderen beraten – in Ihrer Firma oder außerhalb. In einer Beratung oder bei einem Coaching haben Sie die Möglichkeit, eine belastende, stressige Situation zu besprechen – Sie erhalten dann von einem Außenstehenden Feedback und Unterstützung. Nutzen Sie für kleine Fragen auch die Methode des Selbst-Coachings.

Helfen Sie sich selbst: Selbst-Coaching

Wo finden Sie Unterstützung? Wo holen Sie sich Hilfe, wenn Sie bei Ihren zahlreichen Aufgaben mal ins Stocken geraten?

Wenn der Termin geplatzt ist, den Sie dringend brauchen, um Ihr Ziel zu erreichen? Wenn mit dem Dienstleister gar nichts klappen will – keine Verständigung, keine Klärung? Wenn die neue Assistentin frohgemut ans Werk geht, aber leider nicht wirklich so, wie Sie es brauchen? Was machen Sie in Zeiten, in denen Sie unkonzentriert sind, der Druck wächst, daheim der Haussegen schief hängt und Ihre Gesundheit nicht ganz mitmacht? Wenn Sie sich insgeheim in Ihr Auto auf dem Geschäftsparkplatz wünschen, um sofort in Urlaub zu fahren?

Manchem hilft es, ins Büro der Kollegin zu gehen und sich auszusprechen. Oder er blättert in Managementbüchern, von denen man eine Reihe neben dem Schreibtisch stehen hat, und sucht dort nach hilfreichen Ideen. Mancher vertagt seine Klärung, bis er seine Partnerin oder seinen besten Freund trifft. Schon die Vorbereitung auf ein solches Gespräch wirkt. Vielleicht hilft auch ein starker Espresso? Man kann sich aber auch selbst coachen: Indem man sich Notizen macht, so als wäre das Blatt Papier der Gesprächspartner. Das klärt.

Sagen Sie Ja zu sich selbst. Besinnen Sie sich auf Ihre eigenen Kompetenzen, mit denen Sie auch sonst Ihre Funktionen bravourös meistern, und nutzen Sie sie für sich selbst. Seien Sie Experte in eigener Sache.

Das Selbst-Coaching ist eine Methode, den Blick ohne Unterstützung von außen auf eine Situation zu werfen. Machen Sie sich selbst zum Experten Ihrer Stressmomente. Kultivieren Sie die Kunst des Selbstgesprächs bei Stress und Abgrenzungsproblemen – hier einige Vorschläge:

Checkliste: Selbst-Coaching

- Wie ist die Situation faktisch?
  - Wie kann ich mit wenigen Worten mein Abgrenzungsproblem benennen?
  - Was ist meiner Einschätzung nach das Problem der beteiligten Person?
  - Erfordert die Situation sofort eine Entscheidung? Oder kann das warten?

Notieren Sie hier:

- Wie bewerte ich die Situation?
  - Wie wichtig ist das? Was hat Priorität?
  - Was braucht meiner Einschätzung nach die/der andere?
  - Was ist jetzt gerade meine Aufgabe?
  - Wo fehlen mir noch Informationen?
  - Was sollte ich noch klären?
  - Bin ich zuständig?
  - Bei welchem Aspekt darf ich völlig abschalten?

Notieren Sie hier:

- Wie empfinde ich die Situation?
  - Ist diese Situation wirklich ungünstig für mich?
  - Was brauche ich jetzt?
  - Was/wer würde mich unterstützen?

- An welcher Stelle genau muss ich mich abgrenzen?
- Wie geht es mir eigentlich?

Notieren Sie hier:

- Gibt es eine andere Perspektive?
  - Was steckt noch dahinter?
  - Wie würde ich morgen/in fünf Jahren darüber denken?
  - Welchen Rat würde ich einem Freund geben, wäre er in der gleichen Situation?
  - Was würde der Geschäftsführer mir raten, wäre er heimlich mein Mentor?
  - Wie würde eine andere Person das sehen? Kreativ: Was würde John Wayne, der Papst, Loriot denken?

Notieren Sie hier:

- Was habe ich davon?
  - Was bringt mir das?
  - Kann ich aus der Situation etwas lernen?
  - Ist das neu für mich?
  - Kann ich daraus etwas Positives machen?

Notieren Sie hier:

So meistern Sie unfaire Situationen

Manche Menschen haben nicht nur einen anderen Stil in stressigen Situationen als wir (siehe Grafik Konflikttypen, S. 19), sondern sie meinen es vorsätzlich nicht gut mit uns.

Es gibt Menschen, die unter der Last ihrer Aufgaben nur deshalb nicht zusammenbrechen, weil sie Strategien, Spielchen entwickelt haben, andere Menschen zum Laufen zu bringen.

An späterer Stelle (Kapitel „Würdigen Sie den anderen") werde ich Sie daran erinnern, sich nicht nur auf Ihre eigenen Grenzen, sondern auch auf die der anderen zu besinnen. Das ist oftmals wichtig, um im Team arbeiten zu können und um an einem gemeinsamen Ziel oder einer Vision festzuhalten.

Beim Thema „fehlende Fairness" ist das anders: Wenn Sie auf Spielertypen treffen, halten Sie sich bitte nicht damit auf, über die Gründe für deren Verhalten zu spekulieren. Die Frage „Warum tun die das?" bringt hier nicht weiter.

Die Frage ist sogar kontraproduktiv, weil Sie sich mit einem Warum für den anderen öffnen – und es geht doch gerade um das Gegenteil: um Abgrenzung vom Verhalten dieser Menschen. Der Weg dahin:

- Erkennen Sie unfaires Verhalten.
- Schützen Sie sich. Das klappt, indem Sie zum Beispiel den anderen wie hinter einer Glasscheibe sehen oder indem Sie Ihren Körper straffen und die Arme verschränken. Legitim ist alles, was Sie spontan unterstützt. Denken Sie sich: „Das geht mich nichts an."

- Legen Sie sich ein Repertoire an eigenen Strategien zurecht: Entlarven, aus dem Weg gehen, schlagfertig umschiffen ...
- Sollten Sie Ihr Nein doch zurückgenommen haben, sehen Sie das nicht als Niederlage, sondern als Chance: Analysieren Sie die Situation – vielleicht mit Unterstützung einer hilfreichen Person – und machen Sie es beim nächsten Mal anders.

> Manche Spielchen werten wir als harmlos. Sind sie das wirklich? „Nein, der kann mir jetzt gestohlen bleiben." „Na, der werd ich's zeigen ..." Verzichten Sie darauf, selbst unfaire Spielchen zu spielen. Machen Sie es sich zur Gewohnheit, „saubere" Grenzen zu ziehen.

In der folgenden Checkliste lesen Sie von einigen üblichen Spielchen – und von Ideen, konstruktiv mit ihnen umzugehen. Das ist allerdings leichter zu lesen, als im Alltag umzusetzen.

Möglicherweise hilft es Ihnen, wenn Sie ein Rhetorik- oder Konfliktseminar besuchen, in dem mit Videoaufnahmen gearbeitet wird. Das mag zwar im ersten Moment aufregend und vielleicht sogar etwas peinlich sein – aber es ist in jedem Fall eine hervorragende Gelegenheit, uns in Aktion zu erleben und wohlmeinendes Feedback zu erhalten. Probieren Sie es aus.

Checkliste: Beim Nein bleiben in unfairen Spielchen

Bei „Spielertypen" lohnt es sich, beim Nein zu bleiben – ohne weiter nach Gründen zu suchen. Bleiben Sie bei Ihrer Sache, und würdigen Sie den Menschen. Denn: Nicht immer ist solches Verhalten böse Absicht.

- **Das Spielchen**: Sie verhandeln mit dem Architekten und seinem Assistenten wegen des Umbaus Ihrer Büros – Sie sagen Nein zu den plötzlich explodierenden Kosten. Der Architekt „spielt" den Aggressiven (will sein teures neues Konzept durchsetzen), der Assistent spielt den Guten (versteht Sie, macht gute Stimmung). Sie beginnen zu schwanken, weil der „Gute" so nett ist. **Stopp:** Bleiben Sie beim Nein. Besinnen Sie sich auf Ihre Interessen und auf Ihre Grenzen.
- Sie haben das Angebot eines wichtigen Kunden abgelehnt. **Das Spielchen**: Man droht Ihnen mit einer Frist: Sollten Sie bis morgen nicht doch zugestimmt haben, dann wird man die Zusammenarbeit mit Ihrer Firma grundsätzlich überdenken. **Stopp:** Wenn Ihnen jemand droht, dann gehen Sie der Konfrontation möglichst aus dem Weg. Bleiben Sie bei Ihrer abgegrenzten Haltung, äußern Sie sich aber diplomatisch. Wechseln Sie vielleicht das Spielfeld, indem Sie um die Zusendung weiterer Informationen bitten und ein nächstes Gespräch in Aussicht stellen. Sagen Sie, Sie möchten sich zunächst mit Ihrem Vorgesetzten besprechen oder Ähnliches.

- **Das Spielchen**: Sie haben sich in einer Verhandlung mit Ihrem Chef abgegrenzt, und er verlässt wütend den Raum. **Stopp:** Reagieren Sie nicht. Bleiben Sie einfach bei Ihrer Sache. Dem anderen wird sein eigenes Verhalten unangenehm sein. Machen Sie ihm deutlich, dass Sie zwischen Person und Sache unterscheiden. Zu der Sache haben Sie eine Einstellung, die man diskutieren kann, mit seinem Verhalten sind Sie nicht einverstanden.
- **Das Spielchen**: Ihr Vermieter baut nach Ihrem begründeten Nein zur Mieterhöhung Ihrer Büroräume Druck auf, indem er mit Kündigung und mit dem Rechtsanwalt droht. **Stopp:** Trennen Sie die Themen. Macht ist ein Thema, Ihr Nein in der Sache ein anderes. Versuchen Sie, das zu kommunizieren.
- Sie haben sich mit jemandem besprochen, und für Sie ist klar: Das kommt nicht in Frage. Den Gefallen tun Sie ihm nicht. Ihr Schreibtisch ist zu voll. **Das Spielchen**: Er akzeptiert, legt aber ein paar Stunden später mit einer neuen Bitte nach. **Stopp:** Gehen Sie nicht auf die veränderte Bitte ein. Für Sie ist die Sache unverändert.

Welche Spielchen kennen Sie? Welche Stopp-Signale sind für Sie hilfreich? Notieren Sie hier:

Welcher Neinsager-Typ sind Sie?

In bestimmten Situationen meinen wir: Wir konnten gar nicht anders handeln – und haben uns deshalb nicht abgegrenzt, haben wieder einmal nicht deutlich genug Nein gesagt. Oft hat das nichts mit den äußeren Gegebenheiten zu tun, sondern mit inneren Prägungen und Verhaltensmustern.

In diesem Kapitel lesen Sie,

- woher Ihre innere Stimme kommt und wie Sie sie zum Schweigen bringen können (S. 32),
- wie Ihr Selbstbild entsteht und wo Sie Einfluss darauf nehmen können (S. 34) und
- wie Sie je nach Ihrem Neinsager-Typ Nein sagen lernen (S. 33).

Typensache: Stolpersteine und Chancen

Was hindert uns persönlich, Nein zu sagen? Warum macht uns das versäumte Nein das Leben schwer? Warum hilft es uns nicht, bei einer Aufgabe darauf zu bestehen, „keine Lust" zu haben? Und wie passiert es, dass wir mit einem Nein gelegentlich nicht nur andere, sondern auch uns selbst blockieren?

Lassen Sie uns in diesem Kapitel einen Blickwechsel vornehmen. Man sagt: Der Kopf ist rund, damit man beim Denken die Richtung ändern kann. Werfen wir also einen Blick auf uns selbst.

Dieser Perspektivwechsel löst leicht (und verständlicherweise) eine Abwehr aus. Wieso ich? Ich tue doch schon alles, was ich kann. Mein Kollege, meine Chefin, meine Nachbarin, der Verkäufer, das sind doch Menschen, die mir ein Ja abjagen, obwohl ich eigentlich Nein sagen sollte oder wollte.

Identifizieren Sie Ihre Antreiber

Wir alle kennen Situationen, in denen wir uns nicht in Ordnung fühlen. Die Transaktionsanalyse (psychologische Methode, die unter anderem in Seminaren angewendet wird; siehe zum Beispiel Schlegel, 1993) macht verständlich, dass wir in solchen Situationen häufig von einem Verhalten „angetrieben" werden, das typisch für uns ist.

Bei dieser Methode bewertet man die sogenannten Antreiber als ursprünglich elterliche Botschaften. Besonders unter Stress kommen sie zum Tragen und wir glauben, dass wir nur dann in Ordnung sind, wenn wir uns in einer bestimmten Weise verhalten. Das basiert dann zum Beispiel auf dem, was Eltern gewünscht haben, oder es ist ein kindlicher Entschluss aufgrund von konkreten Erlebnissen. Zum Beispiel kann eine Mutter psychisch krank sein, und ihre Labilität kann das Kind so verunsichern, dass es sich entschließt, immer stark zu sein. Ein Antreiber ist eine Überlebensstrategie, die sich nicht einfach abstellen lässt.

> Diese Antreiber haben wir erlernt – sie sind uns vertraut, wir haben uns an sie gewöhnt. Seltsamerweise sind sie uns deshalb lieb. Einige typische Stress-Botschaften sind: Sei lieb, sei schnell, sei perfekt, sei stark usw., damit du okay bist.

Die fünf Neinsager-Typen

Im Folgenden ziehen fünf dieser typischen Neinsager-Typen an Ihnen vorbei: die Vermeider, die Selbstverneiner, die Kämpfer, die Drängler, die Jein-Sager. Finden Sie heraus, welchem typischen Verhalten Sie folgen und wie Sie sich dagegen wappnen können (siehe auch zum Beispiel Kreyenberg, 2005). Dabei wird Ihnen einiges bekannt vorkommen. Fragen Sie sich dann: Welche Gebote und Verbote habe ich im Ohr? Wessen Stimme höre ich dabei?

Sie erfahren, welches Ihre Stärken sind, die Sie sich unbeschwert zugute halten können. Diese Stärken können Sie nutzen, um weiterzukommen und positiv Ihre Ziele zu erreichen. Hier liegen Ihre besten Strategien versteckt!

Wie Sie sich selbst und wie andere Sie sehen

Ein typisches Verhalten hat einen Haken: Nicht nur Sie spüren die Auswirkungen von „alten" Mustern (siehe Grafik S. 35: Bereich 1). Andere nehmen etwas an Ihnen wahr, das Sie so gar nicht unter Kontrolle haben und das sich Ihrem Einfluss entzieht (Grafik S. 35: Bereich 3).

Der Blick der anderen auf Sie hat Konsequenzen (Grafik S. 35: Bereich 3): Es kann zum Beispiel sein, dass Sie so offensichtlich ein Perfektionist sind, dass andere sich auf diese Gabe verlassen. Selbst wenn Sie sich abgrenzen, senden Sie noch Botschaften aus, die Ihre Kollegin wahrnimmt: „Der sagt zwar Nein, aber man weiß doch, dass er es am Ende schon meistern wird."

Nun erzähle ich Ihnen das nicht, um Sie zu frustrieren. Meine Absicht ist es, Ihnen ein Bild zu zeichnen: Es lohnt, sich selbst zu kennen. Durch Selbstbetrachtung erreichen wir das (Grafik S. 35: Bereich 2 und evtl. Bereich 4) und bekommen eine Ahnung davon, wie andere uns sehen.

Wir alle haben, wenn Sie so wollen, einen Anteil in uns, der unser kindliches Ich abbildet. Es ist überzeugt von den Geboten und Verboten seiner Eltern. Dieses Bild soll hier aber nicht wissenschaftlich abgeklopft werden. Es soll lediglich verständlich machen, warum wir an bestimmten Sätzen so beharrlich festhalten.

Hier steckt Potential für ein positives Abgrenzen und ein effektives Nein.

> Kommen Sie sich auf die Spur. Identifizieren Sie Ihre Antreiber und lernen Sie Ihre Schwächen und Stärken kennen. Welchem Neinsager- Typ entsprechen Sie am ehesten?

Wie ich mich sehe, und wie mich andere sehen (das „Johari-Fenster"*)

	Von hier sehen mich andere: ↓	
Von hier sehe ich mich selbst: →	**1** Dies ist mir selbst und anderen über mich sichtbar und bekannt.	**3** Dies ist ein Teil meiner Person, der nur für andere sichtbar ist.
	2 Dies „gehört mir" und ist nur mir selbst bekannt.	**4** Dies ist der Teil meiner Person, der weder mir und noch anderen einsehbar ist.

Teil 3 wird für mich sichtbar, wenn ich mit anderen spreche und wenn andere mir Feedback geben. (**Teil 4** wird meist erst durch therapeutische Arbeit einsehbar.)

* Dieses Modell wurde von Joseph Luft und Harry Ingham entwickelt – deshalb der Name: Johari-Fenster (siehe zum Beispiel Luft, 1993).

Die Vermeider: „Sei lieb"

Im vorigen Kapitel war von den Vermeidern schon beim Thema Mini-Konflikt (S. 17) die Rede. Dass sie nicht Nein sagen können, ist sehr naheliegend.

Vermeiderinnen und Vermeider haben Lust am Zusammenwirken. Sie mögen Nähe und Geborgenheit. Im Team sind sie die gute Seele. Harmonie ist ihnen so wichtig, dass sie eigene Interessen schon mal zurückstellen.

Als Vermeider hat man gelernt, sich in Beziehungen auf seine Intuition zu verlassen. Man fördert Harmonie und schafft Verbindendes. Das ist eine schöne Gabe.

Bei Stress aber grenzt man sich nicht ausreichend ab, vertritt keine eigene Meinung und kann kaum Nein sagen. Auch wenn es das Ergebnis nicht verbessert, arbeitet man lieber im Team als allein. Man verzettelt sich in „Atmosphärischem" und in vielen Kontakten, und man meidet Auseinandersetzungen, die die Harmonie stören. Für einen Vermeider ist Hingabe an ein Projekt wichtig, selbst wenn das im Moment nicht zielführend ist.

So lernen Sie als Vermeider Neinsagen

- Machen Sie aus Ihrem inneren „Sei lieb" eine Erlaubnis: Wertschätzen Sie sich ab sofort vor allem selbst!
- Fragen Sie andere konkret nach ihrer Einschätzung oder Meinung, statt zwischen den Zeilen zu lesen.

- Fragen Sie andere, wie sie Sie wahrnehmen: als Person, in Ihrer Funktion, bei verschiedenen Aufgaben. Wie erleben sie Ihre Fähigkeit, selbstbewusst Grenzen zu setzen?
- Seien Sie gut zu sich.
- Bitten Sie andere um einen Gefallen. Wenn sie zustimmen, achten Sie darauf, dass sie es auch einlösen.
- Bringen Sie zum Ausdruck, wenn Sie mit etwas nicht einverstanden sind. Sagen Sie konkret, was Sie sich stattdessen wünschen.
- Sagen Sie Nein, wenn Sie das meinen. Verzichten Sie dabei auf jegliche Rechtfertigung. Setzen Sie freundlich Grenzen. Dabei reicht oftmals eine klare innere Haltung.

Ihr Nutzen als Vermeider beim Neinsagen

In welche Fallen tappen Sie? Auf welche Spielchen (vgl. S. 27) fallen Sie herein? Was kostet Sie das? Und wenn Sie ein Nein wagen, was gewinnen Sie dadurch?

Ihr Nein wird Ihnen neue Erfahrungen bringen: Sie kommen bei Aufgaben, Projekten und Anliegen weiter, die Ihnen am Herzen liegen – Sie erledigen nicht mehr Sonderschichten, die andere Ihnen ohne Ihre volle Zustimmung aufgedrückt haben. Ihre Gabe, sich gut einzufühlen, ist fast ein Garant dafür, dass Sie sich **positiv** abgrenzen. Nutzen Sie diese Stärke – Sie gehört Ihnen ja schon. Üben Sie sich im Formulieren von dem, was Sie wirklich meinen. Genießen Sie es, dass Sie bei Projekten und Absprachen eine gewisse Treue empfinden – das ist eine Gabe und nichts, was andere einfordern dürfen. Freuen Sie sich an dem Herzblut und Engagement, die Sie in Projekte einfließen lassen. Darum kann man Sie echt beneiden.

Die Selbstverneiner: „Sei perfekt"

Auch die Selbstverneiner haben wir im Konflikt-Abschnitt (S. 17) kennen gelernt – die Anpassung ist typisch für sie. Sie stellen sich zugunsten einer Sache, einer Leitlinie, eines (eigenen) Anspruchs zurück und beeindrucken uns zuzeiten sehr.

Selbstverneinerinnen und Selbstverneiner starten durch. Kaum haben sie eine Sache erfasst, überlegen sie, wie sie das am besten hinkriegen. Wunderbar für die anderen, einen Perfektionisten im Team zu haben – im Zweifel biegt er alles gerade.

Als Selbstverneiner hat man gelernt, optimal zu arbeiten. Man organisiert sinnvoll und plant für andere mit. Man mag eine gewisse Ordnung und hat einen Sinn für Struktur. Das ist eine schöne Gabe.

Bei Stress aber fällt es einem schwer, Prioritäten zu setzen und Konzepte zu Ende zu bringen. Inhalte und Gefühle, die nicht hundertprozentig ins Bild passen, werden als störend und als böse Kritik bewertet. Man lässt sich durch überraschendes Verhalten oder durch plötzliche Veränderungen sehr irritieren. Man hat Schwierigkeiten, Aufträge und Konflikte zu bearbeiten, die nicht dem eigenen Empfinden oder den eigenen Bewertungen entsprechen.

So lernen Sie als Selbstverneiner Neinsagen

- Machen Sie aus Ihrem inneren Dogma „Sei perfekt" eine Erlaubnis: Seien Sie ab sofort davon überzeugt, dass Sie gut genug sind, genau so, wie Sie sind!
- Fragen Sie andere, wie sie Sie wahrnehmen: als Person, in Ihrer Funktion, bei verschiedenen Aufgaben. Wie erleben sie Ihre Fähigkeit, angemessen zu einem Ende zu kommen?
- Lernen Sie eine Entspannungstechnik, die Sie sich nach getaner Arbeit gönnen. Mit regelmäßiger Entspannung erkennen Sie schneller, wann Sie in Ihre Abgrenzungsproblematik geraten.
- Machen Sie sich regelmäßig bewusst, dass ein Plan perfekt sein kann, dass seine Ausführung es aber nie sein wird. Sagen Sie Nein zu einem überzogenen eigenen Anspruch.
- Erlauben Sie sich Fehler, und lernen Sie aus ihnen. Die für andere wahrnehmbare Fehlerschwelle ist mit großer Wahrscheinlichkeit deutlich tiefer, als Sie sie für sich ansetzen. Sparen Sie Energie.
- Lernen Sie, großzügiger zu sich zu sein (und Ja zu sich selbst zu sagen) – dann werden Sie es auch mit anderen sein.
- Setzen Sie realistische Ziele, und klären Sie zeitig den Umfang Ihres Auftrags. Umso leichter können Sie sich bei

Zusatzaufgaben abgrenzen, die an Sie herangetragen werden.

Ihr Nutzen als Selbstverneiner beim Neinsagen

In welche Fallen tappen Sie? Auf welche Spielchen fallen Sie herein? Was kostet Sie das? Und wenn Sie sich ein Ja sparen, was gewinnen Sie dann?

Ihr Nein wird Ihnen neue Erfahrungen bringen: Nutzen Sie Ihre Stärken für Ihre eigenen Ziele. Freuen Sie sich an Ihrer Gabe, dass Sie Struktur in Chaos zu bringen vermögen – deshalb hat noch lange nicht jeder das Recht, sein Chaos bei Ihnen abzuliefern. Gönnen Sie sich hin und wieder die Lust an einem disziplinierten Spurt – erlauben Sie aber niemandem, Ihnen so etwas zu delegieren. Organisieren Sie Ihren eigenen Erfolg: Ihren persönlichen wie den Ihrer Projekte. Darum kann man Sie echt beneiden.

Die Kämpfer: „Sei stark"

Der Konfliktstil der Kämpfer ist das Konkurrieren. Ihr einziges Ziel: Gewinnen. Sie fahren so richtig auf, wenn sie einen Gegner haben. Begegnen sie einem schwächeren Gegenüber, ist ihre Haltung: Klasse, dann brauche ich weniger Energie zu investieren, um meine Interessen durchzusetzen.

Kämpferinnen und Kämpfer haben gelernt, dass es allein am besten funktioniert. Sie streben nach Distanz und Autonomie. Im Team sieht man sie gern, weil sie Aufgaben übernehmen und sich erst wieder melden, wenn sie sie erfolgreich abgeschlossen haben.

Als Kämpfer hat man gelernt, den Kopf auch in kritischen Situationen oben zu halten – man genießt die eigene Kraft, ist entscheidungsfreudig und risikobereit. Man ist bekannt für seine Zuverlässigkeit. Das ist eine schöne Gabe.

Bei Stress aber macht man genau so weiter. Obwohl man merkt, dass man nicht mehr kann, verbirgt man das vor anderen. Dass man eigene Grenzen hat – mentale, körperliche, materielle –, vergisst man dann. Man glaubt fest daran, auch jetzt allein irgendwie fertig zu werden. Schon der bloße Gedanke, sich anpassen zu müssen, strengt einen an – man mag keine Einschränkung. Im Zweifel fragt man nicht nach, sondern hat eine eigene Vorstellung darüber, wie alles zu laufen hat. Das ändert man auch nicht grundlegend, wenn Fehler auftreten. Man gesteht sich schwerlich eine Schwäche ein; ebenso wenig billigt man sie einem Kunden und schon gar nicht einem Kollegen oder Chef zu.

So lernen Sie als Kämpfer Neinsagen

- Machen Sie aus Ihrem inneren Lehrsatz „Sei stark" eine Erlaubnis: Seien Sie ab sofort offen, und drücken Sie Ihre Wünsche aus!
- Fragen Sie andere, wie sie Sie wahrnehmen: als Person, in Ihrer Funktion, bei verschiedenen Aufgaben. Wie erleben sie Ihre Grenzen und Ihre Offenheit?

- Fragen Sie andere Menschen, ob sie Ihnen in einer Sache helfen können – beruflich wie privat. Sie werden die Beobachtung machen, dass man das gern für Sie tut. Machen Sie sich klar: Die erfolgreichsten Menschen sind nicht die, die alles können und wissen, sondern die, die am besten vernetzt sind. Gewinner holen sich Hilfe!
- Planen Sie Puffer ein, und überwachen Sie auf diese Weise Ihre Arbeitsbelastung.
- Planen Sie regelmäßig etwas ein, das Ihnen einfach nur Freude macht.
- Haben Sie Ihren Kampfgeist im Blick: Nehmen Sie ihn am Zügel, wenn Sie dabei sind, andere über den Haufen zu rennen. Und lassen Sie ihm freizügig Auslauf, wenn Sie ein lohnendes Ziel haben.
- Sagen Sie Nein (zu sich und/oder zu anderen), wenn Sie wieder ein schwieriges Projekt übernehmen sollen, Sie aber schon ausgelastet sind.

Ihr Nutzen als Kämpfer beim Neinsagen

In welche Fallen tappen Sie? Auf welche Spielchen fallen Sie rein? Was kostet Sie das? Und wenn Sie sich ein Ja sparen, was gewinnen Sie dann?

Ihr Nein wird Ihnen neue Erfahrungen bringen: Nutzen Sie Ihre Stärke, um sich anderen zu öffnen. Sagen Sie weniger Nein zu Ihren eigenen Wünschen, und würdigen Sie Ihre eigenen Grenzen. Freuen Sie sich daran, dass Sie gut analysieren und tatkräftig anpacken können – planen Sie aber

Ihren Einsatz genauer, und tun Sie Dinge nicht nur, um Ihre Kraft zu spüren oder sie anderen zu zeigen. Da Sie sich im Allgemeinen an Zeitpläne halten und Absprachen sowie Aufgaben termingerecht erledigen, sollte Ihrem persönlichen wie beruflichen Ziel der Weg geebnet sein. Darum kann man Sie echt beneiden.

Die Drängler: „Beeil dich"

Diesen Typus finden Sie häufig bei Menschen, die auf die Schnelle Kompromisse schließen – sie lassen sich nicht die Zeit, die Interessen des anderen zu erkunden. Und sie gehen leichtfüßig davon aus, dass der andere schon weiß, welche Interessen man selbst vertritt.

Dränglerinnen und Drängler haben Vorlieben, die ständig wechseln. Wandel und Veränderung erschrecken sie nicht – sie brauchen sie geradezu. Im Team sind sie aktiv, wenn sie im Mittelpunkt stehen können oder Einfluss haben – ist dem nicht so, verlieren sie schnell das Interesse am Detail.

Als Drängler hat man gelernt, die Zeit im Blick zu haben. Man erfasst Inhalte, Strukturen, Charaktere – und all das schnell. Man mag Abwechslung in seinen Aufträgen und Kontakten. Das ist eine schöne Gabe.

Bei Stress verliert man jedoch seinen Schwung und wird ungeduldig mit anderen. Plötzlich hält man sich nicht mehr an Termine. Andere können sich nicht mehr so recht auf einen verlassen, und ob man mit Engagement bei der Sache ist, ist für sie nicht erkennbar und somit auch nicht planbar.

Fehler unterlaufen einem, aber man übergeht sie aus Zeitdruck.

So lernen Sie als Drängler Neinsagen

- Machen Sie aus Ihrem inneren „Beeil Dich" eine Erlaubnis: Nehmen Sie sich ab sofort Zeit – für sich, für Ihre Kontakte, für Ihre Projekte.
- Fragen Sie andere, wie sie Sie wahrnehmen: als Person, in Ihrer Funktion, bei verschiedenen Aufgaben. Wie erleben sie Ihre Fähigkeit, verlässlich und genau zu sein?
- Lernen Sie eine Entspannungstechnik, und gönnen Sie sich die Erfahrung, dass die Zeit auch mal stillsteht.
- Prüfen Sie, ob Sie andere wirklich verstanden haben oder ob Sie nach ein paar Stichworten lediglich *glauben*, den Inhalt zu kennen. Sagen Sie Stopp zu Ihrer gelegentlichen Ungeduld.
- Sagen Sie Nein zu sich, wenn Sie sich auf Kosten anderer in den Mittelpunkt drängen. Ist die Gelegenheit indes rundum günstig, dann sonnen Sie sich ungehemmt im Rampenlicht – ganz vorn am Bühnenrand.
- Planen Sie Ihre Aufträge so, dass Sie Zeiten gewinnen, in denen es Ihnen nicht so flott von der Hand gehen muss. Planen Sie uninspirierte Zeiten ein.
- Nehmen Sie sich Zeit für die Auftragsklärung, und sagen Sie Nein zu Aufträgen, die Ihre Flinkheit zu Ihren Ungunsten voraussetzen.

Ihr Nutzen als Drängler beim Neinsagen

In welche Fallen tappen Sie? Auf welche Spielchen fallen Sie rein? Was kostet Sie das? Und wenn Sie sich ein Ja sparen, was gewinnen Sie dann?

Ihr Nein wird Ihnen neue Erfahrungen bringen: Nutzen Sie Ihre Stärken nachhaltig für sich selbst – da Sie Ihre Freiheit mögen, übernehmen Sie das Controlling selbst und überlassen Sie es nicht anderen. Genießen Sie, dass Sie in Ihrer Arbeit schwungvoll und kreativ sind – lassen Sie aber nicht zu, dass man Ihre Flinkheit ohne Verhandlung zu einem „Vertragsbestandteil" macht. Da das Arbeiten mit Ihnen den Anderen Freude macht, genießen auch Sie die Zusammenarbeit. Sie haben eine Menge Ideen und kommen zu neuen Lösungen. Darum kann man Sie echt beneiden.

Die Jein-Sager: „Streng dich an"

Die Jein-Sager findet man im Konfliktschema bei den Anpassern, in gewissem Sinne auch bei den Konkurrenten. Eigene Interessen stellen sie bereitwillig zurück – gerade *damit* will man der Beste sein. Sie sagen nicht recht Ja und nicht recht Nein.

Jein-Sagerinnen und -Sager setzen sich mit Elan für Projekte ein. Im Team übernehmen sie sogar Aufgaben, die niemand gerne macht. Aber für kontroverse, heftige Diskussionen, in denen es „nur" um Identifikation und Werte geht, haben sie wenig Verständnis.

Als Jein-Sager hat man gelernt, neue Projekte begeistert anzugehen. Keine Aufgabe ist unmöglich. Man ist interessiert und spontan aktiv. Das ist eine schöne Gabe.

Bei Stress aber verliert man den Auftrag aus dem Auge. Man tut zu viel, verliert die Motivation und findet am Ende das Projekt fad. Es kann passieren, dass man den Einsatz bringt und ein anderer den Erfolg einheimst, weil man versäumt, Prioritäten zu setzen. Man vergisst schlichtweg, Pausen und Besprechungen einzubauen, weil man sie für sich und andere momentan nicht wichtig findet.

So lernen Sie als Jein-Sager Neinsagen

- Machen Sie aus Ihrem inneren „Streng Dich an" eine Erlaubnis: Tun Sie ab sofort nicht nur etwas, um es zu erledigen, sondern seien Sie auch erfolgreich damit!
- Fragen Sie andere, wie sie Sie wahrnehmen: als Person, in Ihrer Funktion, bei verschiedenen Aufgaben. Wie erleben sie Ihre Fähigkeit, Ihre Projekte erfolgreich zu Ende zu führen?
- Planen Sie Ihr Projekt durch, und halten Sie bis zum Ende an diesem Plan fest. Stopp: Fügen Sie nicht aus Begeisterung über Ihre geleistete Arbeit in bereits erreichten Teilschritten noch zusätzliche Aspekte hinzu.
- Erledigen Sie Aufgaben, die Sie uninteressant finden, zu festgelegten Zeiten – schieben Sie sie nicht auf oder vergessen Sie sie nicht sogar ganz.

- Machen Sie sich die Prioritäten klar. Vergessen Sie nichts Wichtiges. Planen Sie Ihre erfolgreiche Zielerreichung als Priorität ein.
- Sagen Sie Stopp zu sich selbst, wenn Sie mal wieder eine anberaumte Besprechung absagen wollen, weil sie Ihnen im Moment nicht wichtig genug erscheint. Nutzen Sie den Austausch mit anderen, um den Verlauf eines Projekts oder die Entwicklung im Team zu erkunden.
- Klären Sie Ihren Auftrag. Sagen Sie Nein zu sich und anderen, wenn es im Verlauf eines Projekts darum geht, den Auftrag auszuweiten.

Ihr Nutzen als Jein-Sager beim Neinsagen

In welche Fallen tappen Sie? Auf welche Spielchen fallen Sie herein? Was kostet Sie das? Und wenn Sie sich ein Ja sparen, was gewinnen Sie dann?

Ihr Nein wird Ihnen neue Erfahrungen bringen: Das Entdecken von Grenzen ist für Sie ein echter Nutzen. Sie arbeiten verlässlich und bleiben auch bei schwierigen Aufgaben beständig dran – das sollte nicht nur zum Erfolg anderer beitragen, sondern zu Ihrem eigenen Erfolg führen. Da Sie Arbeiten übernehmen, einfach, weil sie gemacht werden müssen (und die unter Umständen andere liegen lassen), sollten Sie sie tun und dafür auch den Lohn einstreichen – niemand hat einen Anspruch auf Ihre Aktionsbereitschaft. Sie sind initiativ und interessiert. Darum kann man Sie echt beneiden.

Haben Sie sich teilweise wiedergefunden? Nehmen Sie es nicht zu genau. Wenn Sie nach diesem Kapitel zwei (!) neue Ideen für sich selbst gewonnen haben, ist das wunderbar!

So nutzen Sie die Typisierungen

Typisierungen sind immer nur Bilder. Sie machen es manchmal leichter, die große, komplexe Wirklichkeit zu verstehen. Ich wünsche Ihnen beim Entdecken und Umsetzen viel Freude, Leichtigkeit und vor allem: Erfolg und Fortschritt.

So, wie wir selbst um ein Nein ringen, so begegnen wir auch Menschen, die sich um ein Nein bemühen oder einen festgefahrenen Umgang mit dem eigenen Nein haben. Aber es gibt auch Menschen, die sehr kühn und – sagen wir mal – dreist Nein sagen. Sie können das, und sie tun es. Wenn Sie nach der Lektüre dieses TaschenGuides bei den erstgenannten Zeitgenossen Ihr Abgrenzen üben (und für Entwicklung offen sind), bei der „dreisten" Sorte Mensch aber mit dem eigenen Nein unnachgiebig bleiben, dann haben Sie einen wichtigen Schlüssel zum Erfolg gefunden.

Ist es nicht so, dass wir alle ein Bauchgefühl dafür haben, wo die Grenze ist? Hier steckt ein großes Potential. Und ich möchte Sie einladen, Ihre persönlichen Potentiale auf diesen Seiten aufzustöbern und zu nutzen. Wir wissen,

- wann genug ist,
- bei wem wir immer wieder auf Granit beißen,
- welche Situationen uns veranlassen, nicht auf unsere eigene Wahrnehmung zu hören usw.

Warum wir trotzdem zustimmen, ohne es zu wollen, und warum wir die Tür öffnen, obwohl wir sie eigentlich fest verriegeln möchten? Wir werden nicht alles über uns herausfinden, und wir müssen das auch nicht. Aber wir können uns auf die Ressourcen besinnen, die wir bereits haben.

Eine wichtige Ressource sind Partner und Partnerinnen, Freunde und Freundinnen, Eltern, Menschen, die Ihnen nahe stehen, denen Sie auch schon mal geholfen haben, Kollegen, mit denen Sie gefahrlos ins Unreine reden können. Fragen Sie sie, wie sie Sie wahrnehmen:

- Sehen sie in Ihnen den gleichen Typ, den Sie oben für sich herausgefunden haben?
- Fallen ihnen Situationen ein, in denen Sie sich sehr wohl gut abgegrenzt haben?
- Was würden diese Menschen Ihnen raten?

Wohlmeinende Menschen sind ein wahrer Schatz. Finden Sie heraus, wer Ihnen etwas über Sie erzählen kann und mag. Ob diese Informationen am Ende für Sie von Nutzen sind, entscheiden Sie dann einfach später.

Eine Frage an Sie

Angenommen, in diesen Seiten wäre ein Zauberpulver, das bewirkt: Nach der Lektüre des Buches können Sie positiv Nein sagen und weiterkommen.

Worin in Ihrem Alltag – beruflich und privat – würde sich dieses Zauberpulver genau bemerkbar machen?

Notieren Sie sich das – und lesen Sie Ihre Notizen am Ende Ihrer Lektüre.

Das richtige Nein – der wichtigste Schritt zu Ihrer Balance

Warum schaffen es manche Menschen, sich nicht nur abzugrenzen und durchzusetzen, sondern dabei auch noch souverän und freundlich zu wirken?

In diesem Kapitel lesen Sie,

- welche Rolle Stress und das innere Gleichgewicht für Sie spielen (S. 52) und
- wie Sie eine Balance zwischen Beruf und Privatleben herstellen (S. 54).

Bauen Sie innere Stabilität und Haltung auf

Stress gehört zu unserem Alltag. Das nehmen wir so hin, weil es Spaß macht, Verantwortung zu tragen, Einfluss zu nehmen, ja, wichtig zu sein, aufgrund eigener Leistung gutes Geld zu verdienen. Jemand, der entspannt ist, früh heimgeht, ein ausgeprägtes Privatleben hat, kommt schnell in den Ruf, seine Arbeit nicht ernst zu nehmen oder sich das leisten zu können. Da zeigen wir uns lieber geschäftig und haben Stress als Teil unseres Lebens akzeptiert.

> Es gibt „guten" und „schlechten" Stress. Der eine belebt uns und spornt uns an, der andere schlägt uns aufs Herz und bringt andere Nebenwirkungen oder Folgen mit sich. Wie ist das bei Ihnen?

Wir gehen davon aus, dass es um uns nicht so schlimm steht, dass es bei uns schon gut gehen wird, alles seine Richtigkeit hat und im Lot ist.

Die Bedeutung von Stress für unser Leben

Nach dem Journal of Experimental Psychology (2/2005) beurteilen die meisten Menschen ihre Möglichkeiten, mit Stress umzugehen, allzu optimistisch. Sie verhalten sich so, als könnten sie ihre Handlungen genau einschätzen. Sie verdrängen die kleinen Störungen des Alltags und die natürlichen Grenzen der verfügbaren Zeit, und sie scheinen bei dieser Fehleinschätzung wenig lernfähig zu sein.

Nach Psychologie Heute (6/2005, S. 12) besteht ein Ausweg darin, sich selbst genau zu beobachten, sein Leben und seine Arbeit zu planen und dabei auch Unwägbarkeiten und Stress zu berücksichtigen.

Schädlicher Stress

Wir haben eine Menge unguten Stress. Und wir kümmern uns selten um unsere innere Stabilität – und vergessen, dass nur auf diesem Boden ein authentisches, glaubhaftes Nein gelingt. Untersuchungen widmen sich den volkswirtschaftlichen Kosten von Stress. Betrieblich geraten dabei häufig die wirtschaftlichen Kosten von kranken Mitarbeitern in den Blick. Aber bei den Informationen zum Thema, was Stress uns selbst kostet, blättern wir gern weiter.

In den letzten Monaten gab es Meldungen, dass der Krankenstand in Unternehmen zurückgeht. Aber: Die Zahl der Krankentage wegen stressbedingter psychischer Erkrankungen steigt kontinuierlich – Depressionen und Angststörungen stehen an der Spitze. Inzwischen macht das jeden siebten krankheitsbedingten Fehltag aus. Der Anteil der psychisch bedingten Fehltage stieg in den letzten fünf Jahren um zwanzig Prozent (Quelle: Gesundheitsreport der deutschen Techniker Krankenkasse lt. Hannoversche Allgemeine Zeitung, 7.4.2005).

Was bringt Sie aus dem Gleichgewicht?

Spontan auf der Straße nach beruflichem Stress befragt, würden viele von uns nennen: Zeitnot, Konflikt mit Mitarbeitern oder Vorgesetzten, Engpässe im Budget. Es gibt aber weit mehr Ebenen, die zu Stress führen.

Kurz gesagt: Es ist sinnvoll, einmal genau zu schauen, an welchen Stellen wir im Privat- und Berufsleben den inneren Halt verlieren. Denn nur so können wir gegensteuern, unsere Lebens- und Arbeitsqualität steigern, zufriedener und gesünder sein (oder werden).

Mit Kernkompetenzen Schwachstellen finden

Es gehört zu unserem Alltag, uns selbst und andere zu managen – wir zählen das zu unseren Kernkompetenzen. Wir gönnen uns einen Ausgleich etwa durch ein Mittagessen mit Kollegen, blocken einen Nachmittag für unsere Familie, haben unseren Kalender im Griff (oder jemanden zur Seite, der das für uns tut), wir können Einsatz und Ergebnis abwägen. Lassen Sie uns doch einmal diese Kernkompetenzen nutzen, um einen Blick auf die innere Bilanz unserer Arbeit und unseres Privatlebens zu werfen. Das Ziel dabei: Fehlinvestitionen erkennen, uns vor Überbelastung abgrenzen, die Stelle für ein konstruktives Nein bestimmen.

Sind Sie im inneren Gleichgewicht?

Wie sieht es mit Ihrer Balance im Leben aus? Der Zeitexperte Lothar Seiwert (siehe zum Beispiel Seiwert, 2004) hat eine Landkarte geprägt, die sofort einleuchtet (siehe unten Checkliste S. 56). Er unterscheidet vier Lebensbereiche – die freilich Überschneidungen haben: Arbeit, soziales Leben, Sinn und

Gesundheit. Manche Bereiche sind uns gar nicht so bewusst. So können wir an manchem Tag jammern, die Arbeit würde uns auffressen. Wenn wir aber nachdenken, fällt uns ein, dass wir einen Teil unserer sozialen Bedürfnisse im Job decken können – mit netten Kollegen und Kunden. Oder wir gestehen uns ein: Unsere Arbeit ist wertvoll – ein Stück weit hilft sie uns bei der Selbstverwirklichung.

Zeichnen Sie sich Ihre eigene Landkarte. Bewerten Sie (mithilfe der folgenden Checkliste) in Prozent, wie viel Sie in welchen Bereich investieren. Versuchen Sie, insgesamt auf 100 Prozent zu kommen. Hier geht es nicht darum, dass Sie Ihren Doktor in innerer Balance machen, sondern einfach darum, sich selbst auf die Schliche zu kommen.

Das Ziel dieser Übung haben Sie bereits erraten: Eine ausgeglichene Verteilung ist ein guter Boden für ein ausgeglichenes Leben mit gesund gesetzten Grenzen.

Schauen Sie sich Ihre Verteilung an, und überlegen Sie, an welchen Stellen etwas im Ungleichgewicht ist.

> Vier Lebensbereiche sind für Ihre innere Balance entscheidend. Haben Sie das Gefühl, dass einer davon zu kurz kommt? Wenn Sie ihn genau definieren, können Sie ihn auch bearbeiten! Herzlichen Glückwunsch: Sie haben den Lebensbereich gefunden, bei dem es sich lohnt, Neinsagen zu üben.

Checkliste: Stellen Sie ein Gleichgewicht zwischen Ihren Lebensbereichen her

Lebensbereich	Was gehört dazu?	%
Arbeit	Leistung, Beruf, Vermögen, Erfolg, Karriere, Rücklagen (Ergänzen Sie: ...) ______	
Soziales	Familie, Freunde, nahe Menschen, Anerkennung, Zuwendung (Ergänzen Sie: ...) ______	
Sinn	Selbstverwirklichung, Kulturelles, Erfüllung, Liebe, Philosophisches (Ergänzen Sie: ...) ______	
Gesundheit	Körper, Entspannung, Ernährung, Sport, Fitness, Wohlgefühl (Ergänzen Sie: ...) ______	
Balance		**100**

Sparen Sie Zeit – mit einem angemessenen Nein

Das eigene Leben zu gestalten und Ziele zu verfolgen, dazu bedarf es einer wichtigen Zutat: Zeit. Gehören Sie auch zu den Menschen, die keine Zeit haben, über Zeit nachzudenken? Die zwar den Text eines Zeitmanagement-Workshops mit Kopfnicken lesen und mit farbigem Stift Striche an den Rand zeichnen, die aber nicht die Zeit finden, daran teilzunehmen? Die bei einem schwierigen Projekt oder gegenüber ihrer Partnerin / ihrem Partner sagen: „Dafür sollten wir uns Zeit nehmen", die aber nicht dafür sorgen, den Rest so zu organisieren, dass dieser Freiraum tatsächlich übrig ist?

Definieren Sie Zeit für sich neu

Das Problem an der Sache ist, dass Zeit ein gemachtes Maß ist – recherchieren Sie einmal im Internet zu diesem Thema (zum Beispiel unter http://de.wikipedia.org/wiki/Zeit).

Die Moral von der Geschicht': Wir leben zwar nach der Uhr und haben Termine, aber wir vergessen zuweilen, dass es auch ein inneres Zeitmaß gibt.

Der Tag entspricht nicht allein vierundzwanzig festgelegten Einheiten auf einem grazilen Ziffernblatt. Wir haben innere Rhythmen, nach denen wir Tages-, ja sogar Jahreszeiten erleben – und in frohen Momenten bleibt die Zeit gar stehen. Geraten wir in Not mit dem scheinbar objektiven, offiziellen Zeitmaß, bleibt uns aber sehr wohl ein Ausweg: Wir können nach den Dieben Ausschau halten (siehe folgende Checkliste).

Checkliste: Finden Sie Ihre Zeitdiebe

Analysieren Sie Ihre persönlichen, typischen Zeitdiebe, und sagen Sie Nein zu ihnen.

„Außen"

- Besucher (auch willkommene), Telefonate (auch „nette"), endlose Besprechungen
- zu viel Kleinkram, unordentlicher Arbeitsplatz
- unklarer Auftrag, unklare Verantwortung
- Störungen (Serverausfall, Krankheit etc.)
- fehlende Informationen, fehlende Kommunikation

Was ist es bei Ihnen? Notieren Sie hier:

„Innen"

- hektischer Typ, Perfektionist, mangelnde Selbstdisziplin
- fehlende Zielsetzung, unklare Prioritäten
- zu viel auf einmal anfangen, in Details verlieren
- nicht Nein sagen können
- fehlende Kontrolle über den Erfolgsprozess (bei sich selbst und bei Mitarbeitern), unklare Verantwortung
- fehlende Informationen, fehlende Kommunikation

Was ist es bei Ihnen? Notieren Sie hier:

Externe Zeitfallen erkennen

Unser Arbeitstag hat Grenzen – egal, ob wir sie für uns selbst bei acht, zehn oder zwölf Arbeitsstunden ziehen. Es häuft sich allerhand Arbeit an, die sowieso gemacht werden muss – meinen wir. Aber es gibt Zeitdiebe, die wir nicht hinnehmen müssen.

Da zeigt sich zum Beispiel erst während des Projektes, dass der Auftrag nicht exakt vereinbart war und dass diese Ungenauigkeit uns jetzt die Zeit stiehlt. Da gibt es Kunden, die unpünktlich sind und die vereinbarten Unterlagen nicht oder unstrukturiert vorlegen. Auch bei Besprechungen – persönlich oder telefonisch – scheint die Zeit plötzlich wie durch einen löchrigen Eimer zu verrinnen. Oder Überraschungen, wie Krankheit oder Server-Ausfall, sind bei der Projektplanung nicht durch Puffer abgesichert worden und erzeugen jetzt Arbeitsspitzen.

Interne Zeitfallen erkennen

Wo tappen Sie in Fallen, die Sie sich selbst unwillentlich gestellt haben? Welche Fallen sind irgendwie typisch? Welche Lösungswege wählen Sie? An dieser Stelle soll es nicht um adäquate Planungswerkzeuge, um eine bessere Tages- und Wochenplanung, eine professionelle Projektplanung gehen, sondern schlicht um einen Blick auf uns selbst. Mit etwas Abstand hören wir uns mit schöner Regelmäßigkeit sagen: „Ich fang einfach immer zu viel auf einmal an." „Ich sollte endlich lernen, Nein zu sagen." „Heute war ich mal wieder nur hektisch." Kennen Sie das von sich? Erkennen Sie diese Gestalten, die in Ihrem inneren Theater auftreten und Ihnen das Spiel verderben, die Ihnen vertraut sind und die Sie mittlerweile resigniert hinnehmen?

Sie müssen nicht Ihre ganze Persönlichkeit und Arbeitsweise ändern, nur weil Sie diesen TaschenGuide lesen. Stoßen Sie aber auf typische Zeitdiebe in Ihrem Inneren, könnte es sinnvoll sein, sie mit klarer Ansage aus dem Büro und aus Ihrem Leben zu verbannen. Das gelingt umso leichter, je genauer Sie sie kennen.

> Es lohnt sich, die eigenen Zeitdiebe zu kennen. Zeit bedeutet Leben – und mehr Zeit erhöht die Lebensqualität. Außerdem bedeutet Zeit Geld – und mehr Zeit ermöglicht finanziellen Erfolg sowie berufliche und persönliche Weiterentwicklung.

Prioritäten helfen, Grenzen zu ziehen

Sie sind es gewohnt, bei Ihrer Arbeit Entscheidungen zu fällen. Vielleicht gehören Sie auch zu denen, die Beschlüsse aussprechen müssen, die andere Menschen betreffen. Wie machen Sie das? Sie setzen Prioritäten, machen sich und anderen Ihr Ziel klar, definieren Zwischenschritte, organisieren die Kontrolle über diese Zwischenschritte und über das Ergebnis. Haben Sie einmal daran gedacht, genau diese Fähigkeiten zu nutzen, wenn es Ihre persönlichen Prioritäten betrifft? Wenn es darum geht, selbstverständlicher zu werden mit Ihren eigenen Grenzen und mit einem souveränen Nein?

Kontrolle ist besser

Definieren Sie sich als Schaltzentrale Ihrer Schaffenskraft, verbannen Sie alles, was dort nicht hinpasst. Setzen Sie Prioritäten und ordnen Sie Büro und Leben so, dass Wichtiges sichtbar ist (lesen Sie dazu auch die Checkliste S. 62). Sobald Sie wissen, was Ihnen wichtig ist, wird es Ihnen auch leichter fallen, diese Dinge zu realisieren und zu verteidigen.

Beispiel

Herr L. gehörte früher zu denen, die recht leichtfertig zugestimmt haben, wenn er um einen Gefallen gebeten wurde. Ihm ging das zwar selbst gegen den Strich. Aber vor allem, wenn eine sympathische Kollegin ihn um etwas bat, konnte er eigentlich nur noch Ja sagen.

Inzwischen hat er in einem Stress-Seminar gelernt, sich Prioritäten zu setzen. Sogar in spontanen Situationen gelingt ihm jetzt die Frage an sich selbst: Was habe ich davon? Ist mir das wichtig?

Er lässt sich mehr Zeit für eine eigene, bewusste Entscheidung und bleibt damit aktiv. Wenn der goldene Mittelweg nicht möglich ist, achtet er jetzt darauf, dass jeder mal den Vortritt hat. Aus und vorbei sind die Zeiten der atemlosen Zustimmung und der einseitigen Gutmütigkeit.

Win-Win – die Lösung, bei der alle Seiten gewinnen: Klingt das nicht verlockend? Damit das gelingt, müssen Sie spontan parat haben, was Ihnen wichtig ist und an welchem Punkt Sie „gewinnen" wollen.

Checkliste: Setzen Sie Prioritäten

Entscheiden Sie, was Ihnen wichtig ist. Bei Ihrer Arbeit und in Ihrem Privatleben verfolgen Sie ein bestimmtes Ziel. Verbannen Sie alles, was diesem Ziel nicht dienlich ist. Setzen Sie Prioritäten, wählen Sie Wichtiges, Dringendes – und sagen Sie Nein zu allem anderen. Besinnen Sie sich darauf, dass Sie selbst die Wahl haben.

- **Wichtige** und **dringende** Aufgaben:
  - Erledigen Sie diese Aufgaben sofort!
  - Machen Sie diese Aufgaben für sich sichtbar – sie müssen für Sie griffbereit sein.

Was ist es bei Ihnen? Notieren Sie hier:

- **Wichtige**, aber **nicht dringende** Aufgaben:
  - Diese Aufgaben können warten, müssen aber durchdacht und geplant werden. Legen Sie sie auf Wiedervorlage. Machen Sie sie mit System sichtbar.

Was ist es bei Ihnen? Notieren Sie hier:

- **Nicht wichtige**, aber **dringende** Aufgaben:
  - Delegieren Sie diese Aufgaben möglichst.
  - Diese Aufgaben dürfen nicht in irgendwelchen Ablagesystemen oder unter Stapeln verschwinden.

Was ist es bei Ihnen? Notieren Sie hier:

Überprüfen Sie Ihre Prioritäten – regelmäßig

Fragen Sie sich immer wieder: Ist das jetzt wichtig (das ist eine Frage der Bewertung)? Oder ist das „nur" dringend (das ist eine Frage der Zeit)?

Planen Sie regelmäßig ein, Ihre Prioritäten zu überprüfen. Das braucht zwar wiederum einen Moment Zeit. Dieser Einsatz wird sich aber lohnen. Wir haben nicht alles in der Hand, nur weil wir gut planen. Versuchen Sie dennoch, den Teil Ihrer Aufgaben zu erhöhen, der wichtig, aber nicht dringend ist. (Und Dinge, die weder wichtig noch dringend sind, gehören ganz in den Papierkorb.)

Sie werden merken, dass sich Ihre innere Haltung strafft und verjüngt. Sobald Ihnen klar ist, was Ihnen wichtig ist, werden Sie spontaner Grenzen setzen können, wenn jemand Ihnen ungeliebte Arbeit aufdrücken will. Wenn jemand wieder einen Gefallen erjagt, obwohl es bei Ihnen jetzt gerade nicht passt. Und Sie werden Nein zu sich selbst sagen können, sobald Sie zum Beispiel auf Ihren inneren Perfektionisten treffen.

Sagen Sie Nein – das schenkt Energie

In manchen Situationen ist es schön, einfach ohne Plan zu sein. An einem freien Sonntag zum Beispiel, an dem man spät aufsteht, Lust auf eine Wanderung bekommt und mit einer netten Truppe loszieht. Das Wetter ist schön, keiner hat einen Plan dabei – das Risiko, sich zu verlaufen, ist gering. Also los. Wir kommen nur allzu oft in eine Situation, in der es naheliegend ist, sich ein konkretes, gut abgegrenztes Ziel zu setzen – und sei es das Ziel, positiv Nein zu sagen und sich eigenen Zielen (nicht denen anderer) zu widmen.

Wenn wir den Weg dorthin nicht kennen, aber möglichst rasch und mit möglichst effektivem Verhältnis von Nutzen (Erkenntniszugewinn, Schaffensfreude, Umsatzsteigerung) und Kosten (Energieeinsatz) dorthin wollen, dann sollten wir uns genau anschauen, wo wir stehen, wohin wir wollen und wie wir das erfolgreich meistern werden (s. Checkliste S. 65).

Pläne sind immer nur abstrakte Bilder der Wirklichkeit. Sie können Überraschungen nicht vorbeugen und die „Wetterlage" nicht vorhersagen. Und doch sind sie manchmal eine gute Hilfe, um zu prüfen, ob man auf dem richtigen Weg ist und ob die Richtung noch stimmt.

Übrigens steht es außer Frage, dass Helfen, Unterstützen, Dinge für andere zu übernehmen Energie schenken kann. Wichtig ist nur, dass Sie schauen, ob Sie diese Energie „übrig" haben. Sie können nicht Aufgaben übernehmen, wenn Sie selbst auf dem letzten Loch pfeifen oder wenn Sie vor lauter freundlichen Diensten nicht dazu kommen, Ihre eigenen Ziele und Wünsche zu verwirklichen.

Und: Fragen Sie sich einmal, wie es auf Sie wirkt, wenn andere keine Zeit oder Energie haben, Ihre Wünsche zu erfüllen. Wenn Sie bei dieser Überlegung verletzt reagieren, sollten Sie sich an diesem Punkt noch etwas selbst erforschen.

Checkliste: Kräfte mobilisieren – Ihre persönliche Kosten-Nutzen-Rechnung

Sie haben ein bestimmtes Energiepotential zur Verfügung. Analysieren Sie im Folgenden, an welchen Stellen Sie Energie verschwenden und wie Sie Ihre Kräfte mobilisieren können. Fragen Sie sich am Schluss, ob Ihre persönliche Energie-Bilanz aufgeht. Am Ende sollte der Nutzen Ihres Einsatzes überwiegen.

1 **Runter mit den Energieausgaben**

- Welche Energieverschwendung bei der Projektarbeit, am Schreibtisch, im Privatleben kenne ich von mir? Was lenkt mich regelmäßig vom Ziel ab? Wie kann ich das konkret stoppen oder mindern?
- Welche Situationen erlebe ich als kraftraubend? Betreffen sie Beziehungen oder Inhalte und Fakten? Wie kann ich mit ihnen umgehen oder wie kann ich sie vermeiden?
- Was würde es für mein Leben (beruflich, privat) bedeuten, wenn ich weniger Energielöcher und Ablenkung hätte?

Platz für Ihre Notizen:

2 **Rauf mit den Energie- und Kraftreserven**

- Was kann ich in meinem Berufsalltag einführen, um Energie zu spüren und sie für mein Ziel einzusetzen?

- Was tue ich, um mich gut zu fühlen?
  Wo gelingt mir das bereits im Beruf? Und privat? In welchen Situationen möchte ich mir das noch aneignen?
- Was würde es konkret für mein Arbeiten und Leben bedeuten, wenn ich über mehr Energiereserven verfügen würde?

Platz für Ihre Notizen:

3 **Her mit dem Nutzen**

- Welche „Kosten", welche Energie setze ich bei meiner Arbeit ein, um ein Ziel zu erreichen? Und privat?
- Was ist für meine Projekte/das Unternehmen ein Nutzen?
  Was ist für mich beruflich von Nutzen?
  Was ist für mich persönlich von Nutzen?
- Stehen „Kosten" und „Nutzen" in einem ausgewogenen Verhältnis?

Platz für Ihre Notizen:

Energie durch Achtsamkeit

Im Alltag müssen wir unsere gesamte Kraft auf eine Reihe Dinge lenken. Und es gibt Zeiten, zu denen an der Spitze drei oder vier brennende Punkte stehen. „Jetzt die Ärmel hochkrempeln" ist nicht immer der Tipp, der zieht. In solchen Spitzenzeiten müssen wir zwar dranbleiben und weitermachen. Und wir machen weiter. Aber auf Dauer bleiben wir nur energiegeladen, wenn wir nicht nur den berstenden Terminkalender abarbeiten, sondern noch wahrnehmen können, wo wir stehen und was gerade wichtig ist.

„Führung – Ethik – Meditation" titelte bereits 2002 ein Managementkongress mit hochkarätigen Referenten (ManagerSeminare, 57 / 2002, S. 16-18). Dort kamen leitende Führungskräfte durch eigene Übung zu dem Ergebnis: Achtsamkeit hilft Achtsamer zu werden, ist eine hilfreiche Methode, um

- gelassener mit eigenen/fremden Emotionen umzugehen,
- intuitiver zu handeln,
- klarer zu denken,
- sich bei Bedarf von alten Vorstellungen lösen zu können
- und ein Verständnis dafür zu erlangen, was die Welt, das Unternehmen, die Menschen im Innersten zusammenhält.

Nun kann man Stressgewohnheiten nicht von heute auf morgen ablegen. Und das Trainieren einer neuen Gewohnheit dauert eine Weile. Aber gehen Sie diesen einen Schritt weiter: Werden Sie achtsam für sich, den Augenblick und ein angemessenes Nein. Sie werden schnell spüren, wie Ihre Energie zunimmt.

Wenn Sie dennoch keine Balance finden

Es gibt Lebens- und Arbeitssituationen, in denen kommt man nur weiter, indem man sich die Zielvereinbarung von vor fünf Monaten greift und sich mal zwei Stunden (nicht nur zwanzig Minuten) über die Umsatzzahlenliste beugt. Oder indem man ein Buch wie dieses liest, einen Vortrag besucht oder ein Seminar bei einem namhaften Anbieter bucht. Man entwickelt persönliche Strategien – und das ist gut so.

Aber es gibt auch Menschen, die in schwierigen Phasen merken: Ich bleibe stecken. So geht das nicht weiter. Ich mache dasselbe wieder und wieder – ohne Erfolg. Ich schlafe nicht mehr, mein Körper entwickelt Symptome, und ich sage Einladungen regelmäßig ab.

An diese Menschen ist der Hinweis gerichtet: Machen Sie nicht alles mit sich allein aus. Es kann sinnvoll sein, sich Hilfe zu holen. Es gibt Coachs, Lebensberatungen, Therapeuten – allesamt Fachleute, die darauf spezialisiert sind, Menschen in besonderen Lebenssituationen und mit speziellen Berufsfragen zu unterstützen.

> Es ist kein Zeichen von Niederlage, wenn Sie sich eingestehen: Ich brauche Hilfe. All die Tipps zum Abgrenzen und Neinsagen ziehen bei mir nicht – bei mir liegt es tiefer.

Wenn Sie sich umgucken, werden Sie sehen: Eine Menge Menschen haben sich unterstützen lassen und das als gute Investition auf dem Weg nach vorn erlebt.

Positiv abgrenzen: So sagen Sie konstruktiv Nein

Nachdem Sie die Grundlagen gelegt haben, um Nein sagen zu können, geht es jetzt darum, Ihr Nein mit emotionaler Intelligenz zu vermitteln. Der Ton macht die Musik.

In diesem Kapitel lesen Sie,

- wie Sie Ihr Nein optimal äußern (S. 76) und
- wie Sie Ihr Nein mit nicht sprachlichen Mitteln unterstützen (S. 91).

Grenzen akzeptieren oder erweitern

Im ersten Kapitel ging es um Situationen, in denen das Nein gelingt – oder auch nicht. In diesem Kapitel gehen wir näher heran und betrachten das konkrete Gespräch. Haben Sie schon einmal daran gedacht, dass es reizvoll sein kann, an selbst gewählten Stellen die eigenen Grenzen zu erweitern?

Beispiel

Frau F. entdeckte erst nach ihrem 60. Geburtstag ihre Lust am Laufen. Marathon? Das war etwas für andere, dachte sie zuerst. Heute läuft sie regelmäßig – und hat damit nicht nur an äußerer Fitness zugelegt. Vor allem weiß sie: Nicht alle Grenzen, die man sich selbst steckt, stimmen so.

Grenzen überschreiten, indem man Fallen erkennt

Es gibt zwei Fallen bei dem Thema Neinsagen. Zunächst Falle 1: Man stoppt lange vor der Grenze. Man generalisiert eine Erfahrung und überprüft sie nicht mehr. Kennen Sie das? Sie trauen sich etwas nicht zu (und sagen damit Nein zu Ihren eigenen Möglichkeiten).

Falle 1: Generalisieren

Beispiel

Herr K. arbeitet als Grafiker und hat die Lust an Verhandlungen verloren. Er ist gut im Geschäft und hat prominente Kunden, dennoch lässt er sich die Honorare diktieren. Er glaubt nicht mehr, dass es etwas auszuhandeln gibt, denn er hat die Erfahrung gemacht, dass die Preise schon vorher feststehen. Die Konkurrenz ist groß, sagt er. Da er fest davon überzeugt ist, kann er gar nicht mehr die Erfahrung machen, dass er beim Verhandeln erfolgreich sein kann. Zum Beispiel, indem er die Güte seiner Arbeit und die Kriterien für seine eigene Preisvorstellung betont. Würde er diese Falle überwinden und sich neue Erfahrungen zutrauen, könnte er seine Grenzen garantiert erweitern.

Falle 2: Ignorieren

Aber es gibt auch noch eine andere tückische Falle. Falle 2 beim Neinsagen: Man beachtet seine eigenen oder fremde, feststehende Grenzen nicht. Eigene Grenzen können etwa durch die eigene Konstitution gegeben sein, fremde, feststehende durch Hierarchien und Firmenkulturen. Kennen Sie das? Man traut sich einfach alles zu (und sagt damit Nein zu seiner eigenen Wahrnehmung).

Beispiel

Für Herrn H. ist das typisch. Er überfordert sich regelmäßig, nimmt Aufträge an und versäumt, auf seine körperlichen und psychischen Grenzen zu achten. Er bewertet das als Kampfgeist und findet sich dabei sportlich – allerdings übersieht er, dass wahrscheinlich die Qualität seiner Arbeit steigen, die Fehlerhäufigkeit sinken würde, sobald er diese Grenzen akzeptierte.

Wir müssen herausfinden, wo wir stehen, immer wieder neu und flexibel. Es geht nicht um ein Entweder-oder, sondern um ein Sowohl-als-auch.

Erlauben Sie sich an einigen Stellen Ihre Grenzen. Und kommen Sie sich an anderen Stellen auf die Schliche, wo Sie Ihre Möglichkeiten nicht ausschöpfen. Das ist der Weg zum Erfolg – privat wie beruflich.

Von sich selbst lernen

Manchmal kennen wir von uns selbst ein konstruktives Verhalten, das wir uns genau so in einem anderen Lebensbereich sehnlich wünschen. Wie waren Sie als Jugendlicher? Oder als Kind? Gab es da nicht bestimmte Situationen, in denen Sie vor nichts und niemandem Angst hatten und Ihnen Ihre Grenzen vollkommen klar waren? Wie haben Sie das gemacht? Oder kennen Sie Lebensbereiche in der Gegenwart, in denen es Ihnen leicht fällt, Grenzen zu ziehen? Wie machen Sie das?

Beispiel

Frau D. ist Geschäftsführungsassistentin eines großen Bauunternehmens. Als Ausgleich zu ihrem interessanten, aber unsteten Arbeitstag hat sie sich ein Hobby zugelegt: Sie übt seit ein paar Monaten Tai-Chi. Diese fließenden, langsamen Bewegungen gelingen ihr immer besser, und sie ist fasziniert davon, dass sie dabei vollständig abschalten kann. Wenn sie üben will, schaltet sie das Telefon auf leise und lässt sich von nichts mehr stören. Sie vollzieht die festgelegte Bewegungsfolgen eine nach der anderen mit konzentrierter Ruhe.

Im Beruf ist sie völlig anders. Besonders ein Kunde bringt sie total aus der Ruhe. Wenn er Informationen oder Material braucht, fordert er das regelmäßig mit so großer Vehemenz ein, dass sie schon über seinen Stil in Panik gerät. Dringliche Angelegenheiten haben Vorrang, aber wenn sie unter den vorliegenden Aufgaben und Anfragen keine Prioritäten setzt, verzettelt sie sich. Ihre Grenze ist erreicht.

Mittlerweile hat sie sich ihr Tai-Chi-Training für den Beruf zunutze gemacht. Wenn sie an ihre Grenze gerät und hektisch wird, atmet sie einmal tief durch, überlegt sich, was als Nächstes wichtig ist und erledigt dann erst einmal nur diese eine Sache. Wenn ihr das nicht gelingt, schaltet sie sogar das E-Mail-Programm für diese Zeit aus.

Lernen Sie von sich selbst. Finden Sie eine Situation in Ihrem eigenen Leben (in der Vergangenheit oder in der Gegenwart), in der Sie sich so verhalten (haben), wie Sie es gern in einer anderen Situation könnten. Gehen Sie Schritt für Schritt durch, was Ihren Erfolg in der positiven Situation ausmacht. Was können Sie davon auf Ihre aktuellen, problematischen Abgrenzungsanlässe übertragen?

Nein – nicht gegen andere, sondern für sich selbst

Ein Nein ist gelegentlich ein Mini-Konflikt. Wenn Sie zu denen gehören, die bisher regelmäßig Ja gesagt oder eine Grenzziehung vermieden haben, ist Folgendes sehr wahrscheinlich: Vor allem bei Menschen, die Sie schon länger kennen, wird Ihre Verhaltensänderung Erstaunen, vielleicht sogar Verärgerung auslösen. Umso wichtiger ist es, dass Sie wissen, dass Ihr Nein „gut" ist.

Wollen Sie Nein sagen, weil Sie sauer sind? Trotzig? Rachsüchtig? Weil Sie blockiert sind? Weil Sie sich hilflos und ängstlich fühlen? Weil Sie Ihrem Gesprächspartner eins auswischen wollen? Dann Stopp. Lesen Sie nicht weiter, sondern sprechen Sie sich erst einmal mit Ihrer besten Freundin aus oder beraten Sie sich mit Ihrem besten Freund. Wer einen Streit vom Zaun bricht – das tut man gelegentlich mit einem Nein –, der muss auch die Verantwortung für den weiteren Verlauf des Konfliktes übernehmen, zum Teil jedenfalls. Und dazu ist es wichtig, damit zu rechnen, dass eine Grenze, die man sich selbst setzt, für den anderen zunächst eine Störung bedeuten kann. Sie können und brauchen nicht die Verantwortung für die Gefühle eines anderen zu übernehmen – aber Sie können sachlich bleiben.

Beispiel

Frau N. teilt seit sieben Jahren das Büro mit ihrer Kollegin Frau P. Sie vertreten sich gegenseitig, und gelegentlich unterstützen sie sich auch privat. Bisher haben sie sogar dieselbe Marke geraucht.

Jetzt hat sich Frau N. aber mit ihrem Mann entschieden, das Rauchen aufzugeben. Sie weiß, dass ihr das schwer fallen wird. Zu Hause hat sie schon zwei Wochen durchgehalten, aber im Büro nicht zu rauchen und einer Raucherin gegenüberzusitzen – das fällt ihr schwer. Sie hat sich vorgenommen, heute ihre Kollegin P. zu bitten, nicht mehr im Büro zu rauchen. Ihrem Gefühl nach ist der Konflikt vorprogrammiert. Allerdings gibt es in der Firma einen Raucherraum, den Frau P. nutzen kann. Andere Kollegen machen das ebenso – bei ihnen war das bisher nur anders, weil sie beide geraucht haben. Das ist jetzt nicht mehr so.

Frau N. kann damit rechnen, dass sie verstanden wird, wenn sie bei der Sache bleibt: Ihr Wunsch ist nachvollziehbar. Der Konfliktstoff liegt allein in der einseitigen Aufgabe der bisher gemeinsamen Gewohnheit. Das klärende Gespräch, mit dem sie zunächst Unruhe stiftet, lohnt sich aber dennoch für sie – denn nur so kann sie ihr Ziel erreichen und mit dem Rauchen aufhören.

Fragen Sie sich, ob sich auch in Ihrem Fall der Konflikt lohnt. Manches Nein kostet zu viel. Wenn Sie sich im Klaren sind, dass das Nein sinnvoll ist, können Sie mithilfe der folgenden Checkliste mit Ihrem Gegenüber klären, wie Sie gemeinsam nach dem Nein weitermachen wollen.

Checkliste: Das Nein klären

Es gibt Situationen, in denen führt ein Nein zunächst zu einem Konflikt. Mit Fragen an Ihr Gegenüber können Sie herausfinden, wie es konstruktiv weitergehen kann.

- Welche Punkte sind uns klar? Was ist noch offen?

Notieren Sie hier:

- Worin sind wir uns einig? Was unterscheidet uns?

Notieren Sie hier:

- Welche Themen ergeben sich daraus für uns?

Notieren Sie hier:

- Was können wir jetzt klären?

Notieren Sie hier:

- Wie gehen wir mit den restlichen Themen um?

Notieren Sie hier:

- Dies sind meine Ziele und Bedürfnisse ... Was sind die Ziele und Bedürfnisse meines Gegenübers?

Notieren Sie hier:

Seien Sie klar und deutlich

Klar und deutlich sein, das sagt sich leichter, als es ist. Jedem passiert es mal, dass er etwas loswerden will. Dann kommt die Gelegenheit, und er stammelt bloß, findet nicht den richtigen Einstieg, verliert sich im fragenden Gesicht des anderen, wird wütend – eigentlich über sich selbst –, äußert sich dann aber erbost über den anderen ...

> Man sagt: Es gibt nichts Gutes, außer man tut es. Und so bleibt auch uns, die wir gelegentlich (und immer seltener) Schwierigkeiten haben, uns authentisch abzugrenzen, nur der Weg: Es zu wagen. Es auszuprobieren. Rein in die Fettnäpfe – dort lernt man am meisten.

Mag unser Weg auch mit Sprachlosigkeit, Verirrungen und tiefen Fettnäpfen verstellt sein: Wir können uns auf einige Sprech- und Kommunikationsregeln besinnen, die sich als erfolgversprechend erwiesen haben.

Die Aufmerksamkeit nutzen

Menschen, die darin geübt sind, Reden zu halten, folgen einer einfachen Regel: Sie sagen zuerst, was sie zu sagen beabsichtigen. Dann sagen sie, was sie zu sagen haben. Und am Ende sagen sie noch einmal, was sie gesagt haben. Das ist Ihnen zu banal? Kommt für Sie nicht in Frage? Dann verspielen Sie Möglichkeiten, die die Rhetoriklehrer seit vielen Jahrhunderten aufzeigen.

Spielen Sie das in Gedanken doch einmal mit Ihrem Kollegen durch, der regelmäßig mit gekonntem Charme seine Arbeit bei Ihnen ablädt. Das gelingt ihm, weil Sie ihn mögen und ihn nicht vor den Kopf stoßen wollen: „Herr K., ich wollte eh mal mit Ihnen darüber reden, dass Sie regelmäßig ... und dass das für mich nicht geht. Es ist nämlich so, dass Sie immer wieder ... und mein Schreibtisch ist auch voll. Um es also noch mal auf den Punkt zu bringen, Sie ... ständig ... und ich kann das jetzt nicht übernehmen."

Zu banal? Oder verständlich und klar? Versuchen Sie es einmal, freilich mit Ihren Worten und zu Ihrem Anlass. Beschränken Sie sich (zur Übung) auf diese kleine Choreographie. Damit schützen Sie sich davor, sich zu rechtfertigen, zu viel von sich zu zeigen und sich damit angreifbar zu machen. Die Sache ist doch ganz klar: „Sie sind nett, aber ich kann das nicht machen." (Lesen Sie auch die Checkliste auf S. 78.)

Die Furcht bannen

Klar und deutlich sein – das kann wie eine Farce klingen, wenn man Angst hat, einen Kunden, seinen guten Ruf oder gar seinen Job zu verlieren. Aber besinnen Sie sich: Nur aus dem Grund, dass Ihr Chef sauer wird, weil Sie auf dem Weg in den Feierabend sind und deshalb keine Zeit für eine späte Besprechung haben, wird er nicht die Zusammenarbeit mit Ihnen aufkündigen. Wir sind alle eingespannt und haben Verpflichtungen – wir verzeihen uns gegenseitig einiges, sofern wir beim anderen eine Bereitschaft fürs Miteinander spüren und unsere Belange gewürdigt sehen. Sagen Sie so deutlich Nein, dass keine Missverständnisse aufkommen.

Checkliste: Typische Kommunikationsfehler vermeiden

Folgende Kommunikationsregeln gelten für jede Form der Kommunikation – sie sind nicht beschränkt auf Klärungsgespräche, Verhandlungen oder Konflikte.

- Machen Sie Ich-Aussagen, vermeiden Sie Du-Aussagen: „Ich empfinde das so ...“ statt „Sie wollen immer ...“. Denn von sich können Sie Fakten nennen, vom anderen haben Sie nur Hypothesen. Und besinnen Sie sich: Sie haben es sicher auch nicht gern, wenn jemand Behauptungen über Sie aufstellt.
- Sagen Sie nicht „immer“ oder „nie“, sondern beschränken Sie sich auf konkrete Anlässe, möglichst sogar nur auf den aktuellen Anlass.
- Unterbrechen Sie den anderen nicht. Sie wollen ja schließlich auch ausreden.
- Paraphrasieren Sie, was Ihr Gegenüber gesagt hat: Wiederholen Sie mit eigenen Worten, was er gesagt hat, um zu zeigen und zu überprüfen, dass Sie ihn richtig verstanden haben. Das müssen Sie üben, denn sonst jubeln Sie dem anderen beim Wiederholen Ihre eigene Meinung unter. Wenn der dann sauer wird und aus dem Gespräch aussteigt, braucht Sie das nicht zu wundern.
- Vermeiden Sie Unterstellungen: Spekulieren Sie nicht darüber, was jemand denkt, fühlt, zu tun versucht. Unterscheiden Sie zwischen Ihren Hypothesen und den Fakten.

Geben Sie zu, wenn Sie etwas nicht wissen (sofern Sie sich das leisten können). Fragen Sie nach.

- Vermeiden Sie Häufungen von Klagen. Und bringen Sie Ihre Beschwerden nicht alle auf einmal vor.
- Erlauben Sie sich ein Schweigen. Wir füllen Pausen schon mal aus Verlegenheit. Gönnen Sie sich durch einige stille Momente selbst Raum, nachzudenken und durchzuatmen. Und gönnen Sie dem anderen die Zeit, um Ihre Worte einsickern zu lassen und zu verstehen.
- Bleiben Sie beim Thema. Das ist zumeist genug Stoff für dieses Gespräch. Holen Sie Ihren Gesprächspartner ggf. auch zu diesem einen Thema zurück.
- Wärmen Sie nicht alte Geschichten auf. Es sei denn, Sie haben gemeinsam die Vergangenheit bewusst als Thema dieses Gesprächs gewählt.
- Weichen Sie nicht auf andere Themen aus, die im Augenblick irrelevant sind. Hacken Sie nicht auf Nebensachen herum.
- Vermeiden Sie negative Bezeichnungen und Schimpfworte. Hier geht es nicht nur um passives Schweigen, sondern darum, auch mal aktiv den Mund zu halten.
- Versuchen Sie, die Redezeit unter sich aufzuteilen. Neigen Sie dazu, andere zuzutexten? Dann halten Sie sich zurück, und laden Sie den anderen zum Sprechen ein. Gehören Sie zu denen, die sich das Ruder aus der Hand nehmen lassen? Dann verschaffen Sie sich Gehör, und lernen Sie, sich nicht unterbrechen zu lassen.

Würdigen Sie den anderen

Liest man über Kommunikation, dann kann man schier verzweifeln: Es scheint Glückssache zu sein, ob wir uns überhaupt verstehen. Wenn ich „blühender Baum" sage, habe ich den zart erblühenden Mirabellenbaum vor meinem Wohnzimmerfenster im Sinn. Ich habe die Vermutung, dass Sie nicht an einen Mirabellenbaum gedacht haben – aber das hat für unsere Verständigung kaum Konsequenzen. Anders sieht es aus, wenn wir uns über Begriffe wie „angemessenes Honorar" oder „Anerkennung" austauschen.

Wenn Sie einmal anfangen, darüber nachzusinnen, wie Sie sprechen und zuhören, werden Sie merken, dass Sie zum Teil reflexartig reagieren. Mit einer solchen automatischen Reaktion verschenken Sie aber eine Chance auf Verständigung. Denn jeder Mensch ist anders, jeder Mensch ist in jeder Situation wieder anders ... und auf Sie und mich trifft das ebenfalls zu. Wie viel Information geht uns dabei verloren!

Der andere ist anders

Dieser Gedanke hat eine Menge philosophischer Implikationen. Aber es stecken auch viele praktische Vorteile darin. Man kann davon ausgehen, dass in einem guten Gespräch achtzig Prozent für den Beziehungsaufbau, die „Rahmung", aufgewendet werden. Nur die restlichen zwanzig Prozent sind tatsächlich Inhalt.

Versuchen Sie es doch mal: Wählen Sie in der nächsten Woche fünf Gesprächssituationen aus, die ein heimliches Üben zulassen. Sie sollten dabei eine deutliche Botschaft für den anderen haben. Schätzen Sie ein, wie viel Zeit Ihnen für das Gespräch zur Verfügung steht. Haben Sie zum Beispiel dreißig Minuten für eine Besprechung mit Ihrem Chef, so nutzen Sie zwanzig Minuten vor allem dafür, einen guten Boden zu bereiten, eine gute Stimmung herzustellen:

- Verstehen Sie Ihren Chef?
- Welche Stimmung hat er heute?
- Wie ist er gerade Ihnen gegenüber eingestellt?
- Hat er sich schon zu dem Thema geäußert?
- Sagen Sie etwas Positives über die derzeitige Situation. Fragen Sie. Leiten Sie langsam Ihr Thema ein. Und wenn Sie den Eindruck haben, die Chemie stimmt, dann eröffnen Sie Ihr Thema, und erst dann sagen Sie knapp und verständlich, was Sie loswerden, besprechen, entscheiden möchten.

Ihr Ziel im Auge

Dieses Vorgehen birgt ein gewisses Risiko. Gehören Sie zu den Menschen, die sich regelmäßig schlecht abgrenzen können, so kann es passieren, dass – bezogen auf das Beispiel – Ihr Chef die ganze Besprechung für seine eigenen Themen nutzt und Sie nicht zu Ihrem Ziel gelangen.

Nehmen Sie sich deshalb vor, diese Situation als Übung zu nutzen. Bereiten Sie sich vor. Haben Sie sowohl die Uhr als auch Ihr Ziel im Auge. Aber vor allem bereiten Sie einen guten Boden.

Respekt als Basis

Respekt gebührt nicht nur den Personen oberhalb unserer eigenen Hierarchieebene. Respekt verdienen alle Menschen. Überlegen Sie einmal, welche Situationen Sie kennen, in denen Ihnen angenehm aufgefallen ist, dass man Sie mit Respekt behandelt hat. In einem guten Hotel, bei einem Arztbesuch, bei einem Gespräch mit der Geschäftsführung. Was ist diesen Situationen gemeinsam? Ihre Basis ist eine gewisse Distanz der Beteiligten, die freundlich und wohlmeinend ist.

Das Leben ist sehr ausdifferenziert. Wir begegnen einer Menge Menschen zu sehr verschiedenen Anlässen und mit unterschiedlichen Fragestellungen. Dabei wissen wir zumeist, was unser Anlass, unsere Fragestellung, unser Ziel ist. Aber über die anderen haben wir selten ausreichend Fakten, sondern wir bilden Hypothesen. Wie hilfreich ist es da, wenn wir ihnen in einer respektvollen Zugewandtheit begegnen können! Das ist eine positive Strategie. Und wir erleben es selbst zumeist als wohltuend, wenn diese Aufmerksamkeit uns selbst zuteil wird.

> Sie kommen an Ihr Ziel und noch weiter, wenn Sie den anderen respektieren – als Mensch, in seiner Funktion und mit seiner Sicht der Sache.

Manchmal ist es sehr nützlich, uns darauf zu besinnen, dass es in bestimmten Situationen einfach nur darum geht, das Nein des anderen zu respektieren. Und ist es nicht bei näherem Hinsehen tatsächlich so, dass wir vor den Menschen deutlich mehr Respekt haben, die Nein sagen?

Das Danke als Anerkennung

Vergessen Sie es nicht – das Danke für ein gelungenes Gespräch ist ein Gebot der Höflichkeit und des Respekts: Danke für die Information. Danke fürs Zuhören. Danke fürs Nachfragen. Danke für Ihr Verständnis. Danke für die Anerkennung. Danke für die Zeit, die man sich uns gewidmet hat. Danke ...

Jemand fragt Sie nach einem Gefallen, dem Sie nicht nachkommen können? Versäumen Sie dennoch nicht, sich für das Vertrauen zu bedanken, das zu der Frage an Sie geführt hat.

Überlegen Sie, wie gut es Ihnen tut, wenn jemand so aufmerksam ist, all das zu Ihnen zu sagen. Und stellen Sie sich vor, dass auch ein Gespräch, in dem es um Abgrenzung ging und das freundlich verlief, durch ein Danke noch einmal abgerundet wird. So stimmt's.

Verständnis entwickeln

Ist Ihnen das auch schon passiert? Jemand hebt mit einer Erzählung an, und Sie sagen: Jaja, verstehe. Aber: Haben Sie wirklich verstanden? Machen Sie sich Folgendes klar: Unser Gehirn hat einen enormen Arbeitsspeicher:

- Es kann zirka 400 Wörter pro Minute verarbeiten.
- Zirka 200 Wörter pro Minute ist die Anzahl eines normalen Gesprächs.

Das heißt: Fünfzig Prozent unseres Gehirns sind nicht ausgelastet. Das heißt auch: Fünfzig Prozent des Gehirns des Gegenübers sind nicht ausgelastet. Was glauben Sie, was unser

Gehirn und das des Gegenübers jeweils mit den ungenutzten fünfzig Prozent tun? Einige Beispiele:

- In Gedanken stellt man die Einkaufsliste für abends zusammen.
- Man überlegt, wer im Bekanntenkreis auch so wie das Gegenüber beim Sprechen gelegentlich die rechte Augenbraue hochzieht.
- Man geht schnell die Tagesordnungspunkte für die morgige Konferenz durch und überlegt, welche Materialien man noch zusammenstellen muss.

Aber: Wenn wir effizient und kooperativ kommunizieren wollen, sollten wir dem anderen bewusst zuhören, und nicht nebenher noch dieses und jenes erledigen.

Machen Sie sich klar, dass Hören noch etwas anderes ist als Verständnis oder Verständigung. Wir können nur einen Teil dessen, was wir sagen wollen, bewusst tun – schlichtweg weil wir über uns selbst vieles nicht wissen (siehe Grafik S. 85). Das ist wie bei einem Eisberg. Die Titanic ging unter, weil sie von einem Eisberg gerammt wurde, und zwar nicht von dem Teil, der oberhalb der Wasserfläche zu sehen war, sondern von einem immens großen Teil unterhalb der Wasseroberfläche.

Der Eisberg – Bewusstes und Unbewusstes

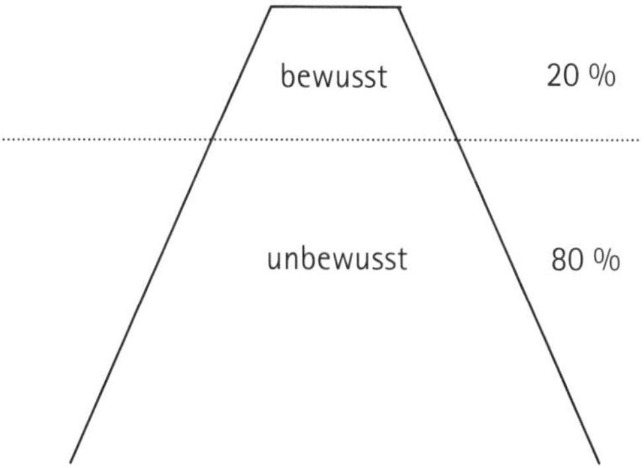

Sie können nur beschränkt beeinflussen, ob der andere Sie versteht. Wenn Sie üben, üben, üben, werden Sie bald merken, dass Sie unmissverständlicher werden. Fragen Sie sich, ob Sie das Anliegen des anderen verstanden haben. Wenn ja, sagen Sie ihm, dass Sie ihn verstanden haben. Dann wird Ihr „leider heute nicht" oder „mir trotzdem nicht möglich" weniger hart ankommen.

Die Moral von der Geschicht': Verwenden Sie einen guten Teil Ihrer Kommunikation darauf, Ihren Gesprächspartner zu verstehen. Tun Sie das aber nicht nur, weil Sie ein guter Mensch sind – sondern verknüpfen Sie Ihr Verstehen mit dem Erreichen Ihrer eigenen Ziele. Ein Ziel kann sein: Zu dieser Sache sage ich Nein.

Nutzen Sie die Fragetechnik

Gute Fragen führen zu brauchbaren Informationen. Das ist dann wichtig, wenn wir etwas vom anderen verstehen möchten. Lassen Sie uns doch einen Schritt zurücktreten und die Profis betrachten, die von der hohen Kunst des Fragens leben: die Journalisten. Sie lernen in ihrer Ausbildung als Erstes, wie man fragt und wie man jemanden zum Reden bringt. Sie wissen, dass sie erst noch die entscheidenden Infos finden müssen – und sie vermuten sie bei ihrem Gegenüber. Es gibt nichts Langweiligeres, als ein Interview mit Prominenten, die nur Bekanntes wiederholen (und mit Moderatoren, die das zulassen). Wir können von den Journalistenprofis lernen.

Im Journalismus gibt es klassische W-Fragen:

- Wer?
- Was?
- Wo?
- Wann?
- Wie?
- Warum?
- Welche Quelle?
- Auch könnte die Frage interessieren: Wie viel?
- Und man könnte konkretisieren: Was genau?
- Häufig möchten wir wissen: Wem nutzt das?

Achtung bei der Frage nach dem Warum: In Konfliktsituationen bringen wir damit jemanden in eine Rechtfertigungssituation – das sollten wir unbedingt vermeiden.

Setzen Sie diese Fragen aber nicht wie eine Maschinenpistole ein. Es gibt Menschen, die mit Fragen von sich ablenken wollen. Geben Sie Ihrem Gegenüber nicht das Gefühl, ausgequetscht zu werden.

Wie machen es gute Journalisten? Sie fragen nach, kurz bevor der andere seine Antwort beendet. Oder sie fragen nach, um das Gespräch noch auf ein anderes relevantes Thema zu lenken. Ihr Interviewpartner weiß: Sie fragen nach, damit sie einen guten Beitrag schreiben können. Machen Sie es ebenso.

> Man sagt: Wer fragt, führt. Aber berücksichtigen Sie, dass Ihr Gegenüber im Rahmen seiner Möglichkeiten frei über seine Antworten entscheidet – egal, wie viele Fragen Sie stellen. Gegenseitige Wertschätzung sollte dem Gespräch zugrunde liegen wie auch ein ehrliches Interesse an den Antworten.

Übrigens: Vergessen Sie nicht, dass Sie sich durch Ihre Fragen auch selbst zeigen. Zum Beispiel kann für den anderen – für Sie unbeabsichtigt – durch Ihre Fragen deutlich werden, wie unzureichend Sie inhaltlich vorbereitet sind. Mehr zu diesem Thema finden Sie im zweiten Kapitel (Typensache: Stolpersteine und Chancen der einzelnen Neinsager-Typen, ab S. 32; Grafik: Johari-Fenster S. 35).

Besinnen Sie sich einfach darauf, dass Sie Fragen stellen, um Ihr Gegenüber besser zu verstehen. Dann wird Ihnen das auch gelingen.

Checkliste: Verständnis durch Fragen

Die Gesprächsführung kennt verschiedene Fragetypen. Üben Sie sich darin, und nutzen Sie sie, sobald Sie sie als hilfreich und sinnvoll erleben.

- **Offene Fragen**: Mit offenen Fragen finden wir die Meinungen, Absichten, Wünsche unseres Gegenübers heraus. Voraussetzung: Wir müssen zeigen, dass wir interessiert zuhören, wenn er seine Seite ausführt. Beispiel: „Wie sehen Sie das, wenn ...?"
- **Wiederholungsfragen**: Gelegentlich wissen wir selbst nicht so recht weiter und wollen Zeit gewinnen. Dann wollen wir zwar (wie bei den offenen Fragen) weitere Informationen einholen, das eigentliche Ziel ist aber der Puffer, der uns Zeit für Überlegungen lässt. Beispiel: „Habe ich Sie richtig verstanden, dass ...?"
- **Geschlossene Fragen**: Wir haben immer ein Bild vom anderen. Also müssen wir herausfinden, ob wir mit unserer Einschätzung richtig liegen. Mit geschlossenen Fragen erwarten Sie eine konkrete Aussage oder sogar ein Ja oder Nein. Beispiel: „Haben Sie Ihr Produkt auch einem Konkurrenten von uns angeboten?"
- **Alternativen abfragen**: Hier grenzen Sie die geschlossene Frage noch ein und fokussieren bewusst auf zwei Alternativen. Beispiel: „Kommt es Ihnen nun auf das Budget oder auf das Zeitfenster an?"

Bieten Sie Wahlmöglichkeiten an

Entweder Du oder ich. Sie kennen die Geschichte mit der Sahnetorte. Die Torte hat zwölf Stücke. Aber es sind vierzehn Gäste anwesend. Was tun? Vierzehn Augenpaare sehen eine Verteilungsmasse, die begrenzt zu sein scheint. Ein Teil der Gäste denkt: Krieg ich. Ein Teil denkt: Oh je, ich werde leer ausgehen.

Mit Kreativität die Ja-Nein-Polarität erweitern

Wie reizvoll ist es, dass wir mit Kreativität und Neugier ausgestattet sind. Kreativ lässt sich nämlich auch noch eine andere Lösung finden. Spricht etwas dagegen, dass vierzehn Menschen miteinander darüber sprechen, was sie besonders mögen? Möglicherweise finden sich Gäste, die gar keine Torte wünschen. Manchmal möchte man strikt Nein sagen oder auf einem Ja bestehen. Aber mit ein wenig Besinnung und einer Prise Kreativität findet man zu der schöneren Lösung. Einige Beispiele:

- Nein, keine Torte, nichts Süßes heute.
- Nein, nicht heute, aber morgen.
- Nein, nicht diese Aufgabe, es sei denn, Du übernimmst diese.
- ...

Kommen Ihnen schon Ideen für Ihren eigenen Kontext?

Neue Wege beschreiten

Um neue Wege beschreiten zu können, braucht man einen wachen Geist ... und die Kühnheit, den anderen nach seinen Interessen und Vorlieben zu fragen.

In der Verhandlungsführung kennen wir den Königsweg, sich zunächst über die jeweiligen Interessen auszutauschen, um dann erst nach gemeinsamen Lösungen Ausschau zu halten. So weit kommen wir in der Praxis aber selten. Weil, sobald wir unsere Seite beschreiben, die andere Seite aufschreit: „Ohne mich, das ist ja wohl die Höhe." Damit wird die andere zur gegnerischen Seite. Oder das Gegenüber beschreibt seine Interessen, und man selbst merkt, wie einem das eigene Gesicht entgleist: „Schon wieder will der mich über den Tisch ziehen."

Oft gibt es Möglichkeiten, die man auf den ersten Blick gar nicht realistisch findet. Wenn es darum geht, dass Sie zu etwas Nein sagen möchten, dann kann es hilfreich sein, wenn Sie zusätzlich noch zwei weitere Alternativen haben.

Wenn ich nicht (1) mehr Honorar bekomme, möchte ich (2) mehr Zeit oder (3) einen garantierten Folgeauftrag.

Ich kaufe (1) entweder diesen Drucker mit Rabatt, oder (2) ich kaufe den Drucker und bekomme einen Toner dazu, oder (3) ich gehe zu einem anderen Händler.

Versuchen Sie es. Nehmen Sie es sportlich.

Nutzen Sie die Sprache Ihres Körpers

Wenn Sie ein paar Seiten zurück blättern, finden Sie die Grafik mit dem Eisberg (S. 85), die zeigt: Nur zwanzig Prozent der Kommunikation laufen bewusst ab. Die restlichen unbewussten achtzig Prozent geschehen durch unsere Stimme, unseren Blick, unsere Haltung, unseren Körper. Diesen Teil können wir nicht vollständig steuern, wir können aber lernen, ihn teilweise zu nutzen.

Die nicht sprachlichen Elemente einsetzen

Es kann richtig Freude machen, wenn man entdeckt: Ich kann auch die Sprache meines Körpers nutzen, um beim anderen anzukommen. Menschen, die singen oder sportlich aktiv sind, haben ein Gefühl dafür, wie sehr sich die eigene Präsenz verstärkt, wenn man eine gute Körperspannung aufbaut, wenn man ein gutes Körperbewusstsein hat.

Der Blick

Einer Ihrer stärksten Partner beim Neinsagen mit dem ganzen Körper ist Ihr Blick: Sagen Sie Nein, und schauen Sie den anderen dabei an. Es geht um keine Geste, mit der Sie wie ein Cowboy Ihrem Gegner starr ins Gesicht schauen – nein, es geht um Ihre Präsenz: Sie haben etwas zu sagen, und zwar Nein, und Ihr Gegenüber soll sehen, dass Sie es wirklich ehrlich meinen.

Mit dem Mund, aber ohne Worte

Es geht nicht darum, mit dem Körper zu manipulieren oder etwas auszudrücken, was Sie gar nicht meinen. Es geht darum, ihn einzusetzen. Weil in den meisten Gesprächen und Auseinandersetzungen sowieso genug Worte ausgetauscht werden.

Was halten Sie davon, vor eine Ablehnung ein Lächeln zu setzen. Deuten Sie ohne Worte an: Das, was jetzt kommt, ist höflich und würdigend.

Um Nein zu sagen, brauchen Sie kein verkniffenes Gesicht oder einen harten Mund. Zeigen Sie mit einem zugewandten Gesichtsausdruck, dass Sie Ihr Gegenüber und sein Anliegen ernst nehmen. Dann wird die Tür nach Ihrem Nein nicht zuschlagen, sondern für Sie offen bleiben.

Das ganze Repertoire an Körpersprache nutzen

Aber es gibt auch noch weitere Maßnahmen, die wir oft nicht aktiv wählen, weil sie als nicht schicklich oder gar ungeschickt gelten.

Haben Sie eine Situation parat, in der Sie beim nächsten Mal klarer Nein sagen wollen? Gehen Sie die nächsten Punkte durch, und überlegen Sie, ob Sie so Ihr Nein wirksam unterstreichen könnten.

Stellen Sie sich vor, dass Sie zunächst Ihr Gespräch führen. Grenzen Sie sich in der gewünschten Form ab. Wenn das zu keinem Erfolg führt, versuchen Sie Folgendes:

- **Arme verschränken**: Wenn Ihr Nein nicht gefruchtet hat, sagen Sie noch einmal, was Sie sagen wollen, und verschränken Sie dann ganz langsam die Arme.
- **Mund einziehen**: Wenn Ihre Ablehnung einem Angebot gegenüber nicht respektiert wird, sagen Sie noch einmal, was Sie sagen wollen, und ziehen Sie dann ganz langsam den Mund ein.
- **Zurücklehnen**: Wenn Sie in einem Gespräch, das kooperativ begann, auf Ablehnung stoßen, die Sie als unangemessen bewerten, beugen Sie sich vor, sagen Sie noch einmal, was Sie sagen wollen, und lehnen Sie sich dann ganz langsam zurück. (Gelingt möglicherweise nur, wenn Sie sitzen.)
- **Kopfschütteln**: Wenn jemand versucht, Sie zu etwas zu überreden, das Sie gerade bereits begründet abgelehnt haben, sagen Sie nichts weiter, sondern schütteln Sie einfach langsam den Kopf.

> Sie können mit diesen Mitteln niemanden manipulieren. Und es wäre schade, wenn das Ihre Absicht wäre. Aber Sie tragen mit Ihrem Körper ein wundervolles Medium mit sich herum, mit dem Sie Ihre Botschaften verstärken können.

Sind Ihre Botschaften authentisch, wird Ihnen niemand Ihre Körpersprache verübeln.

Eigene Körpersignale deuten

Sie können Ihren Körper freilich nicht nur nach außen als Ausdrucksmedium einsetzen. Er kann Ihnen auch als Messinstrument dienen.

Lehnen Sie sich einen Augenblick zurück. Denken Sie an eine Situation in den letzten Tagen, in denen Ihnen ganz klar war: So nicht.

Was hat Ihnen Ihr Körper signalisiert?

Schieben Sie jetzt beiseite, welche Folgen die Situation hatte und ob Sie gut agiert haben. Erinnern Sie sich einzig an die Stimme, mit der Ihr Körper zu Ihnen gesprochen hat.

Da jetzt nicht die Leserinnen und Leser auf die Folter gespannt werden sollen, denen diese Sprache noch unbekannt ist, hier ein Praxisfall.

Beispiel

Wenn Herr F. eine Mail seines Vorgesetzten liest, in der dieser etwas völlig anderes als Ergebnis festhält, als in der letzten Sitzung besprochen wurde, dann verspürt Herr F. ein deutliches Verkrampfen in der Magengegend. Nein, sagt der Magen, das kann ich nicht verdauen, das ist zum Würgen.

So wirken Sie authentisch

Kennen Sie das? Eindeutige Körpersignale, die typisch sind und die Sie seit Jahren begleiten? Oft sind sie laut und unangenehm. Freunden Sie sich trotzdem mit ihnen an, lernen Sie ihre Sprache verstehen. Wir haben gelernt, diese Stimme beiseite zu schieben. Das mag gelegentlich auch sinnvoll sein. Wenn es aber darum geht, nach Rettungsankern beim Neinsagen Ausschau zu halten, gilt: Mit Ihren Körpersignalen haben Sie einen gefunden.

Man wird Ihnen ansehen, dass Sie sich wohl in Ihrer Haut fühlen, dass Sie nicht nur sagen, sondern mit jeder Pore meinen: „Hier geht's lang für mich. Wenn Sie wollen, gehen Sie mit."

Energie spüren

Im Alltag werten wir unseren Körper nicht immer als Freund, sondern oft als Feind: Er zeigt uns, dass er müde ist, dass die Grenze erreicht ist, dass er angespannt ist. Sobald wir lernen, seine Sprache zu verstehen, können wir ihn nutzen, um uns abzugrenzen, um uns selbst zu positionieren. Im Folgenden finden Sie einige Anregungen, sich mit Ihrem Körper anzufreunden.

Atmen

Ist Ihr Mittagstisch schon ein geschäftlicher Termin geworden? Stoppen Sie hier den gewohnten Ablauf. Setzen Sie sich vor der Mittagspause auf Ihrem Schreibtischstuhl zurück. Lassen Sie zu, dass Ihnen Ihr Atem einfach den Bauch füllt. Einatmen geschieht von selbst – Sie müssen nichts weiter tun. Beim Ausatmen ziehen Sie Ihren Bauch etwas ein. Nur Atmen. Dieser Moment der Gegenwart gehört Ihnen allein.

Den Körper beachten

Bevor Sie sich nachmittags mit einem Kaffee pushen, stellen Sie sich vor Ihr Bürofenster. Schalten Sie Ihren Blick nach innen, und lassen Sie Ihr ganzes Körpergewicht auf Ihre Füße fallen. Stellen Sie sich vor, Ihr innerer Blick ist eine Taschenlampe: Beleuchten Sie Ihre Füße. Spüren Sie Ihren Atem. Beachten Sie nacheinander Ihren gesamten Körper – von den Füßen bis zum Scheitel. Lassen Sie immer wieder alles Gewicht auf Ihre Füße fallen, und atmen Sie ruhig. Schütteln Sie sich abschließend sanft aus.

Anspannen, Entspannen

Ist Ihr Tagwerk bereits getan? Wo auch immer Sie sich befinden – suchen Sie sich einen unbeobachteten Platz. Selbst im Auto funktioniert das: Atmen Sie ein, und spannen Sie auf einmal Ihren ganzen Körper an. Halten Sie den Atem einen Moment. Lassen Sie mit dem Ausatmen wieder los. Wiederholen Sie das ein paar Mal. Lassen Sie die Vergangenheit hinter sich. Überlassen Sie die Zukunft sich selbst. Seien Sie ganz gegenwärtig.

Zusätzliche Kompetenzen: So kommen Sie weiter

Ein richtiges, ein authentisches Ja sagt man erst, wenn man auch Nein sagen kann. Sie haben Ihre Grenzen kennen gelernt und können Sie nun risikobereit in verschiedenen Bereichen erweitern.

In diesem Kapitel lesen Sie,

- „how to smalltalk", wie Sie offensiv in Gesprächssituationen hineingehen und trotzdem Ihre Grenzen wahren (S. 98),
- welche Rolle Genuss für Ihre Stabilität spielt (S. 103).

Nicht alles geben – Smalltalk

Beispiel

Frau J. sagt von sich: „Ich sage ein Ja, das ich nicht sagen will, weil ich in Gesprächen zu ernsthaft bin. Ich frage nach, interessiere mich, und schwupp, schon hab ich eine Aufgabe am Hals oder jemanden, der mir seine Sorgen erzählt."

Gehören Sie zu den Menschen, denen es leicht fällt, ein konzentriertes Sachgespräch zu führen, die sich aber unwohl dabei fühlen, auf einer Party unverbindlich ins Gespräch zu kommen?

Oder gehören Sie gar zu denen, die solche Situationen gern meiden? Die nicht riskieren wollen, mit jemandem ins Gespräch zu kommen, der dann kein Ende findet oder ihnen am Ende eine Aufgabe aufhalst? Die überall nur noch lockere, strahlende Menschen sehen und befürchten, durch eine ungeschickte Art ihrem brillanten fachlichen Ruf zu schaden? Die finden, dass das, was man so im Allgemeinen austauscht, arg banal ist? Die nach einem langen Arbeitstag schlicht mundfaul sind? Dann könnte es für Sie wertvoll sein, sich im Smalltalk zu üben.

Nützliche Randgespräche

Vor dem Kaffeeautomaten, auf der Messe, auf Kongressen, in Pausen von Seminaren, bei einem Besprechungszwischenstopp begegnen wir Menschen, die genug Schwergewichtiges gehört und gesagt haben – sie möchten eine Pause. Und sie kommen gern mit Ihnen ins Gespräch, wenn es angenehm oder nützlich ist.

Vorurteile gegen Smalltalk ablegen

Ist es nicht manchmal angenehm, von jemandem nach dem Wohl und Ergehen gefragt zu werden? Vielleicht sind Sie auch der Typ Mensch, der gelegentlich viel zu ernsthaft antwortet, wenn man ihn fragt, wie es ihm geht. In den meisten Fällen mag man es aber einfach, beim Kaffeetrinken während der Tagung, auf dem Weg zum Postkorb, zwischen zwei Sitzungsblöcken von einem netten Menschen angesprochen zu werden. Der Vorteil? Man erfährt etwas über die Person, und wenn man Glück hat, hört man auch noch einen lustigen Tratsch oder eine wichtige Information, die keinen offiziellen Weg nehmen wollte. Also was ist so schlimm am kleinen Gespräch?

Was befürchtet man beim oberflächlichen Plaudern? Dass jemand von den Hustenanfällen seiner Katze erzählt, wird wohl in den wenigsten Fällen passieren. Eher haben wir Angst vor Situationen wie diesen: Man steht bei einer Firmenfeier dem obersten Boss gegenüber und sucht nach Worten. Oder man findet sich in der hinteren Reihe eines überfüllten Aufzuges wieder und muss in die 7. Etage – was tun: dauerhaft starr auf die Schuhspitzen schauen oder ein freundliches Gespräch wagen? Aber mit welchem Thema anfangen?

Keine Frage, es gibt Naturtalente. Die haben immer einen flotten Spruch auf den Lippen und lassen sich auch in der

Nähe eines randvoll gefüllten Fettnapfes nicht davon abhalten, den Mund aufzutun.

Themen lauern überall

Ins Gespräch zu kommen, kann man lernen. Anfänger tun gut daran, sich zunächst ein Themenrepertoire zusammenzustellen und geschickt daraus zu wählen.

> Geschickt wählen heißt: Stellen Sie sich Themen zusammen, die Ihnen nicht zu Herzen gehen. Reden Sie über Dinge, bei denen Sie distanziert bleiben können – so üben Sie Ihre Grenzen ein und verhindern ein ungewolltes Ja.

Und dann müssen Sie es nur noch ausprobieren – üben Sie mit der Kassiererin im Supermarkt, mit dem Tankwart, mit dem Nachbarn.

Sobald Ihre Partnerin oder Ihr Partner Sie seltsam von der Seite anschaut, wissen Sie, dass Ihr Smalltalk-Training Erfolg hatte. (Siehe Checkliste S. 102: Worüber man so spricht – die Themen beim Smalltalk.)

Beispiel

Herr D. kann reden. Wenn ihm das Thema etwas sagt und er den Eindruck hat, etwas beisteuern zu können. Auch kann er mit Unbekannten ein Gespräch anfangen.

Aber seine Grenze ist schnell erreicht. Er fühlt sich unwohl, sobald eine Lücke entsteht. Aus solchen Situationen flüchtet er, wenn möglich. Dabei könnte er seine persönliche Grenze mit etwas Vorbereitung stark erweitern und weiterkommen.

Gehören Sie zu den Menschen, die sich mit kleinen Gesprächen so richtig schwer tun, dann legen Sie sich zu den Themen vorab auch noch ein paar Sätze zurecht, mit denen Sie ein einmal angefangenes Gespräch aufrechterhalten können – und zwar so, das Sie *nicht* zu sehr in die Tiefe gehen. Auch Fragen können dabei hilfreich sein, zum Beispiel:

- Fragen zum Denken: Was denken Sie darüber?
- Fragen zum Fühlen (angemessen formulieren!): Wie geht es Ihnen damit?
- Fragen zum Handeln: Haben Sie schon weitere Pläne?

Lesen Sie noch mal im letzten Kapitel zu den Themen Aufmerksamkeit und Verständnis (S. 82) nach: Jeder Mensch mag, wenn man ihm so begegnet – aufmerksam und um Verständnis bemüht. Sie werden mit diesen Hilfsmitteln weiter kommen, als Sie vermuten!

Wichtig ist dabei, offene Fragen zu stellen, damit Ihr Gegenüber die Gelegenheit für eine Antwort hat. Eine geschlossene Frage („Finden Sie nicht auch?") kann ein Gespräch ja leicht ins Stocken bringen („Ja").

Checkliste: Worüber man so spricht – Themen beim Smalltalk

Die Kunst im „smallen" Miteinander: den anderen wertschätzen *und* die gegebenen Grenzen einhalten (vor allem die eigenen). Gerade keine Idee, wie anfangen?

- Das Wetter (das ist für viele Menschen fast täglich ein beliebtes Thema – für Kurzgespräche).
- Eine gezielte Frage: „Können Sie mir sagen, wo ...?"; „Ich habe Sie gerade in dem Vortrag gesehen. Wie ...?" (nur geeignet, wenn man an die Antwort anzuknüpfen vermag).
- Ein gerade aktuelles Thema, zum Beispiel die Weltmeisterschaft oder gesellschaftliche Ereignisse (nur, wenn es Sie interessiert).
- Smalltalken kann man innerhalb der Firma auch über den Kopierer, wenn allseits bekannt ist, dass er ein Eigenleben führt (oder was ist das bei Ihnen?).
- Die Farbe des Pullis, die sie an der anderen Person schon die ganze Zeit bewundern (wenn es stimmt; für Komplimente sind Frauen wie Männer offen).
- Anerkennende Worte über das, was Sie gerade beide auf dem Kongress, im Seminar, auf der Sitzung ... gehört haben (anerkennend bleiben, bis Sie wissen, ob Sie eigentlich lieber beide lästern wollen).
- Das gute Essen auf der Firmenfeier (wenn es stimmt und der andere nicht gerade magersüchtig wirkt).

Gönnen Sie sich Genuss

Wir sind gewohnt, dass wir uns im Büro unseren Pflichten widmen. Ausspannen verschieben wir auf den Jahresurlaub – und viele Abende vor Jahreswechsel verbringen wir damit, Urlaubskataloge zu wälzen. Aber Hand aufs Herz: Entspannen Sie sich wirklich dabei, einmal im Jahr in bunten Broschüren zu blättern und von Palmen, Bergen oder Segelschiffen zu träumen? Kommt es nicht vielmehr darauf an, sich (im Alltag und regelmäßig) Augenblicke zu verschaffen, von denen Sie ganz ausgefüllt sind, die Sie voll genießen? (Siehe auch Checkliste S. 106: Gönnen Sie sich eine Genuss-Pause) Damit tragen Sie zur eigenen Stabilität bei – und können besser Nein sagen.

Leistung durch Power-Pausen

Man mag auf den Gedanken kommen, dass sich Genuss und Arbeit widersprechen. Und es ist selbstredend, dass man eigenverantwortlich und in gewisser Weise selbstkontrolliert die eigene Arbeit mitgestaltet. Wer Verantwortung trägt, verfügt über Freiräume – das erfordert nicht zuletzt einen Respekt vor den Belangen des Unternehmens und des Miteinanders.

Und dennoch: Ihr Zurücklehnen und Innehalten im Umfeld Ihrer beruflichen Performance trägt ein ungeheures Potential – Sie sehen Ziele nicht mehr als starre Größen, die mit starken Schritten erreicht werden müssen (und zu denen Sie nur Ja sagen können), sondern Sie erleben: Nach einer gediegenen Pause vermag man den Prozess, den man steuert oder an dem man beteiligt ist, kontinuierlich zu verbessern. Kreativität braucht Freiraum. Man weiß wieder, wo es langgeht. Man kann Ja sagen. Oder Nein.

Leisten Sie sich aber Genuss nicht nur, sondern nehmen Sie ihn auch bewusst wahr. Seien Sie neugierig, was heute anders und besser ist als gestern. Sie können sich einmal im Jahr für zehn Tage unter einer Südseepalme verwöhnen lassen – versäumen Sie aber nicht, auch an den 230 Arbeitstagen im Jahr täglich mindestens eine kleine Genuss-Power-Pause einzulegen.

> Der Clou beim Genuss: Wenn Sie in vollen Zügen genießen, brauchen Sie keine Nachhilfe mehr, um zu erkennen, wo Ihre Grenzen sind. Sie spüren sie. Sie wissen sehr genau, wer Sie sind und was Sie brauchen, um Sie selbst zu sein.

Planen Sie ab heute Genuss fest in Ihren Tag ein. Lassen Sie sich durch keine Verpflichtung davon abbringen, kleine Power-Pausen zu erleben.

Es gibt Untersuchungen, die zeigen: Durch regelmäßige kurze Pausen schnellt unsere Leistungsfähigkeit in die Höhe. Wir sind frisch und konzentrationsfähig. Unsere Tatkraft steht uns anschließend wieder voll zur Verfügung.

Die Medien nehmen sich regelmäßig des Themas an, wie wichtig es ist, während der aktiven Zeit des Tages abzuschalten. Psychologen der Harvard University (Cambridge/US-Staat Massachusetts) berichteten in der Zeitschrift Nature

Neuroscience, dass ein gediegener Kurzschlaf sogar helfen kann, Gelerntes zu verarbeiten.

Es nützt Ihnen aber wenig, vom Nutzen des Mittagsschlafs und Power-Nappings zu *lesen* – an dieser Stelle soll es darum gehen, dass Sie sich einfach angewöhnen, ein effizientes süßes Nichts zu *tun*, weil Sie anschließend wieder besser wissen, wo Sie stehen und wo Sie hinwollen.

Planen Sie Zeitinseln ein

Planen Sie Ihre Zeitinseln für Genuss ein – und achten Sie bitte darauf, dass diese Zeit keine Dispositionsmasse darstellt, in der Sie Dinge erledigen, die Sie sonst nicht schaffen. Auch sollten diese Power-Pausen keineswegs zur Pflicht werden. Ziel ist es, sie freiwillig und mit Genuss zu kultivieren:

- damit die Arbeit noch effizienter wird,
- damit man sich mit einem kurzen Break wieder voll auf die eigenen Füße stellt,
- damit man zum richtigen Zeitpunkt „Nein" oder „jetzt nicht" sagen kann,
- damit man gelassen die richtige Chance ergreifen kann,
- damit man achtsamer mit Veränderungen umgehen kann,
- ...

So kommen Sie vorwärts – und haben schon bald vergessen, dass es einmal Zeiten gab, zu denen Sie schlecht Nein sagen und das richtige Maß finden konnten.

Checkliste: Gönnen Sie sich eine Genuss-Pause

- **Nehmen Sie sich Zeit zum Genießen.** Genuss braucht nicht Stunden, manchmal genügt ein Augenblick.
- **Genießen Sie bewusst.** Schokolade können Sie zwar neben der PC-Arbeit essen, den Genuss daran werden Sie aber verpassen (also: nicht wahrnehmen). Ein Blumenstrauß auf dem Schreibtisch macht für sich genommen noch keine Freude. Wollen Sie Genuss erleben, dann erlauben Sie sich, sich für den Moment einfach darauf zu konzentrieren.
- **Schulen Sie Ihre Sinne für Genuss.** Probieren Sie einmal aus, eine Orange vor dem Essen zunächst zu tasten, zu riechen, hochzuwerfen, aufzufangen, sich vorzustellen, wie sie schmeckt, sie langsam zu schälen; spüren Sie genau, wie Sie die Schale vom Fleisch lösen. Trennen Sie sich eine einzelne Spalte heraus, beißen Sie hinein ... Nehmen Sie Nuancen wahr. Schärfen Sie Ihre Sinne für Positives, Entlastendes, Augenblickliches.
- **Ihr Genuss ist Ihr Genuss ist Ihr Genuss ...** Jeder genießt anders. Oft gönnen wir uns etwas, von dem wir meinen, dass „man" das genießt. Finden Sie heraus, was *Ihnen* gut tut. Finden Sie heraus, was Ihnen *nicht* gut tut. Finden Sie heraus, was Ihnen *wann* gut tut.

- **Genießen Sie lieber wenig, aber richtig.** Nicht die Menge, sondern die (wahrgenommene) Qualität ist entscheidend. Quälen Sie sich weder mit falscher Bescheidenheit noch mit magenverstimmendem Übermaß – wählen Sie den Genuss so, dass Sie sich das jeweils Beste gönnen.
- **Planen Sie Genuss.** Überraschungen erleben wir häufig als etwas ganz Besonderes. Überlassen Sie Ihren Genuss aber nicht allein dem Zufall. Planen Sie Zeit fürs Genießen ein, treffen Sie entsprechende Vorbereitungen, laden Sie andere dazu ein.
- **Den Alltag genießen.** Unsere Wahrnehmung ist häufig auch eine Sache der Bewertung. Wer selbst im Alltag dafür wach ist, kann eine Vielzahl von Quellen für angenehme Erlebnisse im täglichen Kontext entdecken. Genießen Sie das Gewohnte am täglichen Heimweg? Freuen Sie sich auf das freundliche Gesicht im Mittagsbistro? Auf den Duft von frischem Kaffee? ...
- **Notieren Sie Ihre liebsten Genuss-Pausen:**

Motivation ist „die halbe Miete"

Für manche Menschen ist Planung und Selbstmanagement kein Thema. Sie sind zutiefst verbunden mit ihren persönlichen Zielen. Sie kennen ihre Ressourcen und haben die Ohren für ihre innere Stimme voll auf Empfang geschaltet.

Man spricht davon, dass diese Menschen „intrinsisch motiviert" sind (siehe unten). Alle anderen seien hier eingeladen, von diesen Menschen zu lernen.

Motivieren Sie sich selbst zur Veränderung

Motivation kann von außen und von innen kommen. Die eine Motivation ist nicht besser als die andere, beide verfügen nur über verschiedene Energien.

- Motivation von **außen** (extrinsisch): Belohnen Sie sich. Setzen Sie sich zum Beispiel ein Ziel, wie Ihr Einkommen, Ihre berufliche Situation, Ihr Projekt in ein, zwei, drei Jahren sein soll. Achtung: Extrinische Motivation erzeugt keine eigene Dynamik. Sie kann aber kurzfristig einen wundervollen Push vermitteln. Sie muss immer neu gesetzt werden.
- Motivation von **innen** (intrinsisch): Bringen Sie sich in Verbindung mit Ihren innersten Wünschen und Zielen. Interesse, Neugier, Spaß ... sind kraftvolle Antriebsquellen. Bringen Sie diese Wünsche und Ziele – sofern möglich und sinnvoll – mit äußeren Zielen in Verbindung. Wichtig: Ge-

lingt intrinsische Motivation, wird ein positiver Kreislauf in Gang gesetzt. Man muss nur darauf achten, dass dieser Kreislauf stetig in Fluss bleibt.

Sich Ziele zu setzen und sie planvoll zu verfolgen, trägt das Potential in sich, Energie zu *sparen.* Wie das? Wenn Sie Ziele setzen und motiviert und planvoll verfolgen, sparen Sie Energie, weil Sie alles Wichtige parat haben und nach nichts suchen müssen; weil Sie keine Spitzenzeiten auszugleichen haben; weil Sie sich Kontrollphasen eingebaut haben, die Ihnen den Erfolgskick geben, dass Sie in der Zeit, im Budgetplan und auf der Einflugschneise zum angepeilten Erfolg sind. Es gibt keine unangenehmen Überraschungen. Und vor allem: Keine Zufälle mehr. Das, was Sie erreichen, schaffen Sie mit eigener Kraft

Der positive Kreislauf der Motivation

Der Vorteil bei einem solchen an eigenen Zielen orientierten, durch eigene Wünsche motivierten Vorgehen: Sie haben Energie, am Feierabend für Ihren Ausgleich zu sorgen und Ihr Reservoir für Kreativität und Power frisch zu füllen. Sie brauchen nicht erschöpft ein Tiefkühlgericht in die Mikrowelle zu schieben, sondern Sie haben genug Elan, energiereich hin und wieder Freunde zu bekochen und anschließend noch eine kleine Runde um den Block zu drehen.

> Sagen Sie Nein zu Situationen, mit denen Sie sich nicht zu verbinden wissen. Und sagen Sie Ja zu allem, was Sie packt und erfüllt. Das ist nachhaltig! Das führt auf mehr als einer Ebene zum Ziel!

Checkliste: Selbstmotiviert und zielorientiert handeln

- **Richtige Einstellung**: Eine richtige Einstellung hilft.
  Tipp: Schieben Sie unangenehme Dinge nicht auf. Tun Sie sie gleich!
- **Gute Dosis**: Man braucht das Gefühl der Machbarkeit. Man will eine Aufgabe schaffen können. Zu wenig führt in die Langeweile, zu viel frustriert.
  Tipp: Fangen Sie mit der richtigen Portion an, und steigern Sie sich dann.
- **Ziele und Zwischenetappen**: Ein detaillierter Plan hin zum Ziel hilft, überschaubare Etappen anzusteuern, abzuarbeiten, abzuhaken .
  Tipp: Setzen Sie sich Ziele – kleine und große.
- **Sinnenreiche Vorstellung**: Effektiver, müheloser, vergnügter packt man Ziele an, wenn man sie bunt und attraktiv vor Augen hat und sie sinnlich erfassen kann.
  Tipp: Kultivieren Sie eine sinnenreiche Vision.
- **Mit Team und im Team**: Lernen Sie von den Schwierigkeiten und den Lösungswegen anderer. Profitieren Sie von dem Wissen anderer. Werden Sie besser, indem Sie anderen etwas erklären oder sie anleiten.
  Tipp: Tun Sie sich mit Gleichgesinnten zusammen. Nutzen Sie Kontakte. Beauftragen Sie einen Coach.

Gehen Sie bei alldem achtsam mit sich um – machen Sie Pausen, achten Sie auf eigene Grenzen. Sorgen Sie für Abwechslung. Kommen Sie angemessen zum Ende.

Entwickeln Sie Routinen

Überlegen Sie sich Standard-Vorgehensweisen, so dass Sie nicht täglich neu überlegen müssen, wie Sie dazu beitragen können, dass es Ihnen gut geht, dass Sie wissen, wo Sie stehen, was Ihre Aufgabe und wo Ihre Grenze ist.

Überlegen Sie sich, welche kleinen Kniffe Ihnen helfen, motiviert und mit Energie Ihr Leben zu meistern. Es hilft nämlich nichts, wenn andere Ihnen ihre Tricks und Tipps geben – finden Sie heraus, was Ihnen wirklich hilft.

Das dann auch umzusetzen, kann Ihnen niemand abnehmen. Sie werden aber stärker dazu motiviert sein, weil Sie selbst zu diesen Lösungen gefunden haben.

Tun Sie sich mit anderen zusammen

Wir stehen in Arbeit und Leben in einer seltsamen Herausforderung: Wir müssen ganz wir selbst sein, und wir müssen möglichst effektiv und friedlich mit anderen zusammenarbeiten und -leben. Ein Widerspruch? Nicht lösbar? Oder eine schöne Einladung, im Leben mehr zu erfahren, als man selbst kennt?

Manche Lernschritte macht man sicher besser allein. Aber an vielen Stellen wird das Leben einfacher und die Arbeit effizienter, wenn man sich gezielt mit anderen zusammentut. Die Ziele für derlei Vernetzen können sich je nach persönlicher Verfassung, Auftragslage, Lebensabschnitt wandeln. Ein paar Beispiele:

- **Gleichgesinnte**: Ich möchte mich mit Menschen zusammentun, die denselben Beruf oder dasselbe Geschlecht oder dieselbe Vorbildung usw. haben. Damit stärke ich mich in meinem Selbstverständnis.
- **Andere**: Ich suche Menschen, die aus anderen Arbeitsbereichen kommen und auf andere Erfahrungen zurückgreifen. Damit gleiche ich eigene Schwächen aus – im Gegenzug biete ich meine Stärken an.

In welchen Fragen und bei welchen Aufgaben könnten Ihnen derzeit Mitstreiter hilfreich sein beim Vorwärtskommen? Was ist es genau, was Sie beim Vernetzen anstreben? Einige Beispiele:

- Informationen sammeln,
- eigene Angebote und Informationen weitergeben,
- funktionale Beziehungen eingehen,
- externe Partner für Aufträge finden,
- emotionale Unterstützung finden,
- ggf. regional vernetzen,
- ...

> Wie gefällt Ihnen dieser Gedanke: Gemeinsam mit den richtigen Menschen vervielfachen sich die Möglichkeiten, gesunde Grenzen zu erleben und gemeinsam bestehende Grenzen zu erweitern.

Übrigens: Wenn Sie sich erlauben, Nein zu sagen und Grenzen zu setzen, können Sie das auch anderen zugestehen. Und umgekehrt: Wenn Sie erleben, dass sich andere glaubhaft und positiv abgrenzen, können Sie sich das auch erlauben.

Sagen Sie, was Sie wollen

Angenommen, Sie sind schon viel weiter mit dem Abgrenzen und Neinsagen. Um Sie herum haben ein paar Mal heftige Konflikte den Boden aufgewühlt, weil Sie so kühn waren, schlicht Nein zu sagen. Und sicher sind Sie auf dem Weg dorthin in einige Fettnäpfe getreten, haben es mit einem Nein übertrieben oder sich an einem verschluckt: Üben nennt man das. Nur weiter so!

Wichtig ist aber auch, dass Sie nicht nur sagen, was Sie *nicht* wollen, sondern dass Sie auch sagen, *was* Sie *wollen*. So geht es weiter!

Positiv formulieren

Äußern Sie sich mit der Perspektive, dass Sie ein positives Ziel erreichen wollen.

Beispiel

Frau M. hat den Wunsch, in Entscheidungsprozesse einbezogen zu werden, vor allem, wenn es sie selbst betrifft. Immer wieder wird sie vor vollendete Tatsachen gestellt. Sie bereitet sich vor, macht sich Notizen und bringt es bei der nächsten Teamsitzung auf den Punkt: „Ich möchte darum bitten, bei den nächsten Entscheidungen, die mich und meinen Schreibtisch betreffen, beteiligt zu werden. Ich glaube, das erhöht das gemeinsame Ergebnis, und vor allem motiviert mich das persönlich.

Konkret werden

Bei manchen Aufgaben und Problemen erhebt sich vor uns ein Berg. Die verschiedenen Ebenen der Aufgabe, die diversen Ansprechpartner, heftige Gefühle und Bedenken, all das schwillt an, und wir meinen, die Frage nur klären zu können, wenn wir diese Fülle beachten.

Stopp. Seien Sie konkret. Welche Schritte helfen Ihnen wirklich weiter? Wer soll was, wie und bis wann tun?

Beispiel

Frau M. hat ihre Vorschläge gut vorbereitet, und sie sagt auf der Teambesprechung: „Mir geht es darum, dass wir alle darüber sprechen (*wer*). Und wenn dieser Punkt die Teambesprechung sprengt, möchte ich vorschlagen, das an einem weiteren Termin zu besprechen (*wo*). Mir ist daran gelegen, dass wir das sehr bald machen (*wann*)."

Investieren Sie

Wenn Sie etwas erreichen möchten, brauchen Sie auf dem Weg dorthin Energie. Haben Sie die? Machen die anderen Beteiligten mit?

Beispiel

Frau M. könnte sich überlegen, dass sie mit ihrer Aussprache einen Konflikt herbeiführt. Da eine Klärung aber ganz in ihrem eigenen Interesse ist, wird sie das riskieren.

Durch gute Vorbereitung minimiert sie den „Schaden" – sie hat nicht vor, wie ein Elefant durch einen Porzellanladen zu stapfen, weil sie nur ihr eigenes Ziel im Auge hat. Sie ist an einer Lösung interessiert, die für alle gut ist – Gewinn für alle.

Widerstände und Einwände einkalkulieren

Sie lesen hier gerade kein Märchen, und deshalb finden Sie zwischen den Zeilen Ihre Wirklichkeit: Nicht alles läuft so, wie wir es uns vorgestellt haben. Was hindert Sie daran, sich nicht nur Ihren Erfolg, sondern auch den Gegenwind vorzustellen? Was uns hindert, sind Furcht und vielleicht auch etwas Scham. Wir möchten nicht scheitern, wenn wir uns schon mal auf den Weg machen. Und doch sollten wir wagen, die Risiken im Vorhinein abzuschätzen.

Im Projektmanagement kennt man diesen Schritt. Wenn wir schon in der Planung Störungen und Fehler einplanen, können sie im weiteren Verlauf weniger anrichten. Die Frage ist nur: Wie vorbereiten?

Beispiel

Frau M. schrieb sich eine Liste mit Einwänden. Das Team war gewohnt, über ihren Kopf hinweg zu entscheiden – Gewohnheit ist ein starker Gegner. Außerdem war die Abteilung gerade in einer Phase notorischer Zeitnot; Frau M. befürchtete, auf später vertröstet zu werden – Zeit ist aber häufig eine Frage der Bewertung. Und dann befürchtete sie noch, entlassen zu werden, wenn sie aufmuckt – aber diese Furcht gehörte bei näherer Betrachtung nicht in die Kategorie Realität, sondern in die Kategorie Gespenster.

Erzeugen Sie Aufmerksamkeit

Sagen Sie, was Sie wollen. Und achten Sie darauf, dass Sie damit Aufmerksamkeit erzeugen. Nur wenn bei Ihrem Gegenüber das Interesse geweckt ist, werden Sie mit Ihrer Botschaft ankommen und sie auch durchsetzen.

Beispiel

Frau M. jedenfalls hat sich mit ihrem Vorstoß durchgesetzt. Das Team war gar nicht auf die Idee gekommen, sie um ihre Meinung zu fragen. Aber nachdem sie einmal das Wort ergriffen hatte, war schnell klar: Die will was, die kann was, ...

Reagieren Sie nicht länger automatisch und gewohnt auf Situationen, sondern machen Sie sich bewusst, was Sie sagen wollen. Meistern Sie die Kunst, sich ehrlich und klar auszudrücken und gleichzeitig für Ihr Gegenüber aufmerksam und voll Respekt zu sein.

Strategien für Fortgeschrittene

Eine chinesische Redewendung lautet: „Mit einer Hand kannst Du nicht klatschen." Und so besteht auch die eigentliche Kunst im Miteinander eben nicht allein darin, dass man nur seine Wünsche zum Ausdruck bringt, sondern dass man auch aufmerksam füreinander ist, im Privaten wie im Beruflichen.

Freilich: Wenn man jahrelang auf die Erfahrung zurückblickt, dass man mit eigenen Belangen nicht durchkommt, ist es schwierig, nach gehaltener Rede durchzuatmen und sich dem anderen zuzuwenden. Mit etwas Übung wird das aber gelingen – und diese Wendung wird man gewiss als Bereicherung erfahren.

Fragen Sie nach

Häufig gibt es im Gespräch noch Möglichkeiten oder Alternativen, die wir nie herausfinden, wenn wir nicht danach fragen. Die Grundlage dafür ist: Ich muss wissen, wo ich stehe.

Beispiel

Frau L. hat sich das zur festen Gewohnheit gemacht. Vor allem im Umgang mit dem Controller B. Der macht seinen Job sehr kundig, wirkt allerdings gelegentlich so unfreundlich, dass die meisten Mitarbeiter gleich die Flucht ergreifen, wenn die normalen Punkte abgearbeitet sind. Frau L. hingegen weiß inzwischen, dass Herr B. eigene Unsicherheiten hat und es nicht prinzipiell schlecht mit ihr und ihrem Bereich meint. Nach einem Gespräch, zu dem meist er geladen hat, fragt sie also: „Haben Sie noch eine Frage?" Meist fängt damit erst ein Gespräch an, das wirklich Neues bringt.

Dem anderen das Gesicht lassen: gut gebrüllt, Löwe

Auch für Fortgeschrittene ist die folgende Überlegung wichtig: Kann es sein, dass Ihr Chef noch lange nicht beißt, gleichwohl er eben noch gebrüllt hat wie ein Löwe? Ein verletzter Löwe!

Die Forderung eines Mitarbeiters, die Nachfrage der Geschäftsführerin ... Das mag alles unumstößlich klingen, aber wenn Sie selbst bei vehementem Verhalten bei Ihren Zielen bleiben und eine eigene Haltung bewahren, kann sich das Gespräch entwickeln. Vielleicht nicht jetzt, sondern später, nach einer Abkühlung.

Sicher haben Sie eine Alternative. Und wenn Sie so mutig sind, das Gebrüll nicht weiter zu erwähnen, sondern Ihrem Gegenüber weiterhin das Gesicht zu lassen, wird man Ihnen das zugute halten.

Ein Test: die Familienfeier

Die Familienfeier – die Mutter hat angerufen und gesagt: „Ihr kommt doch auch zum Essen am Sonntag. Seid pünktlich um 18 Uhr da." Irgendwie hat man sich überrumpeln lassen – die Einladung ist ja auch eigentlich nett gemeint.

Und Sie als fortgeschrittener Neinsager? Was fällt Ihnen dazu ein? Wenn ein Nein nicht spontan gelingt, darf man nachverhandeln. Das mag zwar unangenehm sein, aber ebenso unangenehm ist es, ein Programm zu absolvieren, das man nicht selbst gewählt hat.

Gleichgültig, was Ihnen als Absage einfällt: Als fortgeschrittener Neinsager wissen Sie, wie wichtig es ist, Ihr Gegenüber zu würdigen. Das Essen ist nett gemeint, die Einladung auch. Als Nächstes gilt es, sich nicht zu rechtfertigen. Es geht nicht darum, Magenschmerzen vorzutäuschen – dafür kennt man Sie zu gut. Vielleicht gibt es Alternativen, die Sie vorschlagen möchten? Nicht Sonntag zum Essen, aber am Samstag kurz zum Kaffee vorbeikommen? Eine Gegeneinladung aussprechen? Ein längeres Telefonat zum Plaudern verabreden?

So oder ähnlich hätten Sie's auch gemacht? Herzlichen Glückwunsch! Sie haben den Test „Familienfeier" bestanden. Und jetzt viel Erfolg in der großen weiten Welt.

Positiv Grenzen setzen – in sieben Tagen

Diese Überschrift ist nicht ganz ernst gemeint – schließlich lernen wir neues Verhalten nicht in einer Woche. Hier finden Sie die wichtigsten Punkte noch einmal als Übungen aufgelistet – als kleine Erinnerung und als knallender Startschuss.

1. Tag

Finden Sie die Situationen heraus, in denen Sie anderen auf den Leim gehen. Es erfordert Mut, nicht nur zu wissen, wo man selbst noch Lernbedarf hat, sondern auch den Punkt herauszufinden, wo man sich ändern will.

Legen Sie ein kleines Nein-Sage-Tagebuch an, und notieren Sie dort Ihre neuen Ideen und all das, was Sie über sich herausfinden.

Was passiert Ihnen in welchen Situationen bei welchen Stimmungen mit welchen Leuten? Und was würden Sie gern anders machen?

Machen Sie es anders!

2. Tag

Gehen Sie mit der Lupe noch näher an sich heran. Schauen Sie, welches Verhalten wirklich typisch für Sie ist. Dabei brauchen Sie nicht in alten Wunden zu wühlen – ordnen Sie sich, wenn Sie mögen, einem der genannten Typen zu. Lesen Sie nach, wo Ihre größten Stolperfallen sind.

Ebenso wie jede Medaille zwei Seiten hat, verweisen Ihre Schwächen zugleich auf Ihre stärksten Stärken. Nutzen Sie diese Stärken, um zu Ihrem authentischen Nein zu finden.

Und welchem Typ ordnen Sie sich zu? Welche zwei Maßnahmen wollen Sie umsetzen?

Seien Sie konkret!

3. Tag

Finden Sie heraus, an welchen Stellen bei Ihrer Arbeit oder in Ihrem Leben etwas nicht „stimmt".

Was genau können Sie tun, um eine Balance herzustellen? Was fehlt Ihnen zu einem stabilen Abgrenzen?

Notieren Sie, wie Sie Zeit und Energie sparen können, wo genau Ihre Prioritäten sind und wen Sie für welche Fragen in Ihrem höchstpersönlichen Unterstützungsteam haben.

Seien Sie gut zu sich. Alle Baustellen, die Sie hier auftun, zeigen nicht Ihr Unvermögen, sondern weisen den Weg zu Ihnen selbst.

Um sich positiv abgrenzen zu können, muss man wissen, wo man steht – bauen Sie Ihr eigenes Fundament dafür!

4. Tag

Sie wollen nach außen wirksam auftreten? Tragen Sie aktiv dazu bei, dass Sie mit Ihren Füßen fest auf dem Boden stehen, sich wohl in Ihrer Haut fühlen und eine selbstverständliche, feste Haltung einnehmen können. Souverän!

Sie haben schon drei Tage geübt und Ihre wunden Punkte aufgespürt. Heute ist der Tag, an dem Sie beim Klettern, Singen, Sprinten, im Wald, mit den Kindern im Kletterbaum, auf dem Feld Ihre Energie und innere Spannkraft wiederentdecken können.

Finden Sie heraus, wo Ihre Grenzen sind und wo Sie sich bisher Grenzen gesteckt haben, die Sie getrost erweitern und über den Haufen rennen können.

Hier sind Sie – und Ihre Präsenz ist ab heute unübersehbar, wenn Sie Nein sagen. Oder Ja.

5. Tag

Wenden Sie sich Ihrem Gegenüber konstruktiv zu – auch dem, dem Sie typischerweise ungewollt zustimmen, bei dem Sie vorschnell Ja sagen und Ihre Grenze nicht ziehen.

Prüfen Sie ernsthaft, ob Ihr Nein konstruktiv gemeint ist: Handeln Sie nicht gegen andere, sondern für Sie selbst.

Lernen Sie dann das ganze Repertoire der Kooperation – suchen Sie sich Übungssituationen, und üben Sie so lange, bis Ihre Partnerin/Ihr Partner Sie erstaunt von der Seite ansieht.

Spüren Sie sich so stark, dass Sie auch dann im Gleichgewicht bleiben, wenn Sie sich klar und deutlich zu Wort melden, wenn Sie den anderen würdigen, sich bei ihm bedanken und ihm Alternativen zu seinem Vorschlag anbieten.

Sagen Sie ab heute respektvoll, was Sie wollen. Was wollen Sie?

6. Tag

Genug gearbeitet. Wo ist Ihr Ziel? Haben Sie es genau vor Augen? Wie sieht es aus? Wie riecht es? Wie fühlt es sich an?

Besinnen Sie sich ab heute auf Ihr Vorankommen. Freuen Sie sich auf Erfolge – die eigenen und die anderer.

Kann es sein, dass Sie von anderen Menschen noch etwas entdecken können, was Sie bisher nicht einmal in Erwägung gezogen haben? Dass Sie jemandem vielleicht in einem Punkt eine Abfuhr erteilen müssen, sich aber für andere Seiten von ihm sehr wohl interessieren? Pflegen Sie aktiv Ihre Kontakte.

Fangen Sie heute an, den Tag etwas leichter anzugehen – im Beruf wie Zuhause. Erlauben Sie sich, anderen mal weniger ernsthaft zu begegnen und nach den genüsslichen Seiten zu greifen – Sie werden sehen: Sie finden sie auch in den Stunden, die Sie bisher nur Ihren Aufgaben gewidmet haben.

7. Tag

Jetzt wird gefeiert. Lehnen Sie sich zurück, machen Sie rein gar nichts – außer, sich über Ihren Erfolg und Ihre neuen Ideen zu freuen.

Ausblick

Was passiert also, wenn Sie Nein sagen und sich abgrenzen? Sie tun nicht mehr Dinge, die andere wollen, sondern Dinge, die Sie selbst ansteuern. Sie setzen Ihre Energie ein, wie Sie es wollen.

Ein Sprichwort sagt: Ändere das, was Du ändern kannst – belass, was Du nicht ändern kannst. Besinnen auch Sie sich auf Ihre Motivation, und ziehen Sie aus ihr die Energie für weitere Veränderung und für die Realisierung Ihrer Wünsche und Ziele.

Manchmal steigert man sich in Situationen hinein, die nicht gelingen. Und vielleicht gelingt ein Nein tatsächlich gelegentlich nicht, wo es gut gewesen wäre. Sei's drum. Im Großen und Ganzen hilft: dranbleiben, üben, eigene Ziele definieren, mit übergeordneten Zielen abgleichen, sich mit andern zusammentun.

Ein richtiges, authentisches Ja sagt man erst, wenn man auch Nein sagen kann. Wer seine Grenzen kennt, kann sie risikobereit erweitern. Das kommt beidem zugute: Beruf und Privatleben. Weiterkommen durch Neinsagen – das klingt widersprüchlich, entspricht aber der Erfahrung aller, die das ebenso machen. Finden Sie es raus.

Literatur

Eder, Lothar (2007): Psyche, Soma und Familie. Stuttgart.

Harris, Thomas A. (2005): Ich bin o. k. – Du bist o. k. Reinbek.

Hoffmann, Nicolas, und Hofmann, Birgit (2009): Arbeitsstörungen. Weinheim.

Kreyenberg, Jutta (2008): Konfliktmanagement. Berlin.

Kunkel, Agnes, Bräutigam, Peter, und Hatzelmann, Elmar (2010): Verhandeln nach Drehbuch. Heidelberg.

Lerner, Harriet (2009): Wohin mit meiner Wut? Frankfurt am Main.

Luft, Joseph (1995): Einführung in die Gruppendynamik. Frankfurt am Main.

Riemann, Fritz (2009): Grundformen der Angst. Eine tiefenpsychologische Studie. München.

Schlegel, Leonhard (1993): Handwörterbuch der Transaktionsanalyse. Freiburg i. Breisgau.

Seiwert, Lothar S. (2004): Das Bumerang-Prinzip. München.

Stichwortverzeichnis

Bibliografische Information der Deutschen Nationalbibliothek
Die Deutsche Nationalbibliothek verzeichnet diese Publikation in der Deutschen Nationalbibliografie; detaillierte bibliografische Daten sind im Internet über http://dnb.d-nb.de abrufbar.

ISBN 978-3-648-01248-2
Bestell-Nr. 00966-0002

Redaktionsanschrift: Fraunhoferstraße 5, 82152 Planegg
Fon (0 89) 8 95 17-0, Fax (0 89) 8 95 17-2 50
E-Mail: online@haufe.de
Internet: www.haufe.de
Redaktion: Jürgen Fischer
Redaktionsassistenz: Christine Rüber

Konzeption und Realisierung: Sylvia Rein, 81379 München
Lektorat: Ulrike Rudolph, 53332 Bornheim
Umschlaggestaltung: Kienle gestaltet, 70178 Stuttgart
Umschlagentwurf: Agentur Buttgereit & Heidenreich, 45721 Haltern am See
Druck: freiburger graphische betriebe, 79108 Freiburg

Die Autorin

Monika Radecki

M. A., ist Trainerin, Autorin und Redakteurin im Bereich Psychologie, Kommunikation, Lebenshilfe. Ihre Trainingsschwerpunkte sind zum Beispiel Verhandeln, Selbstmarketing und Teamentwicklung. Zum Thema „Nein sagen" bietet sie ein Training in Kooperation mit einem Outdoor-Trainer an.

Kontakt: radecki_kommunikationsberatung@web.de
www.monika-radecki.de

Weitere Literatur

„Gesprächstechniken für Führungskräfte", von Anke von der Heyde und Boris von der Linde, 240 Seiten, € 24,95, ISBN 978-3-448-09518-0, Bestell-Nr. 00742

„Business Knigge international" von Kai Oppel, 240 Seiten. Haufe, € 19,80, ISBN 978-3-448-08747-5, Bestell-Nr. 00076

„Gut sein allein genügt nicht" von Doris und Frank Brenner, 796 Seiten. Haufe, € 19,80, ISBN 978-3-448-09069-7, Bestell-Nr. 00244

TaschenGuides – Qualität entscheidet

Bereits erschienen:

Der Betrieb in Zahlen

- 400 € Mini-Jobs
- Balanced Scorecard
- Betriebswirtschaftliche Formeln
- Bilanzen
- BilMoG
- Buchführung
- Businessplan
- BWL Grundwissen
- BWL kompakt – die 100 wichtigsten Fakten
- Controllinginstrumente
- Deckungsbeitragsrechnung
- Einnahmen-Überschussrechnung
- Finanz- und Liquiditätsplanung
- Formelsammlung Betriebswirtschaft
- Formelsammlung Wirtschaftsmathematik
- Die GmbH
- IFRS
- Kaufmännisches Rechnen
- Kennzahlen
- Kontieren und buchen
- Kostenrechnung
- VWL Grundwissen

Mitarbeiter führen

- Besprechungen
- Checkbuch für Führungskräfte
- Führungstechniken
- Die häufigsten Managementfehler
- Management
- Managementbegriffe
- Mitarbeitergespräche
- Moderation
- Motivation
- Projektmanagement
- Spiele für Workshops und Seminare
- Teams führen
- Workshops
- Zielvereinbarungen und Jahresgespräche

Karriere

- Assessment Center
- Existenzgründung
- Gründungszuschuss
- Jobsuche und Bewerbung
- Vorstellungsgespräche

Geld und Specials

- Sichere Altersvorsorge
- Energie sparen
- Energieausweis
- Geldanlage von A-Z
- IGeL – Medizinische Zusatzleistungen
- Immobilien erwerben
- Immobilienfinanzierung
- Meine Ansprüche als Rentner
- Die neue Rechtschreibung
- Eher in Rente
- Web 2.0
- Zitate für Beruf und Karriere
- Zitate für besondere Anlässe

Persönliche Fähigkeiten

- Allgemeinwissen Schnelltest
- Ihre Ausstrahlung
- Burnout
- Business-Knigge – die 100 wichtigsten Benimmregeln
- Mit Druck richtig umgehen
- Emotionale Intelligenz
- Entscheidungen treffen
- Gedächtnistraining
- Gelassenheit lernen
- Glück!
- IQ – Tests
- Knigge für Beruf und Karriere
- Knigge fürs Ausland
- Kreativitätstechniken
- Manipulationstechniken
- Mathematische Rätsel
- Mind Mapping
- NLP
- Optimistisch denken
- Peinliche Situationen meistern